FVS 마케팅

FVS MARKETING

좀 더 쉽고, 명쾌하고, 가치 있는,

FVS 마케팅

FVS MARKETING

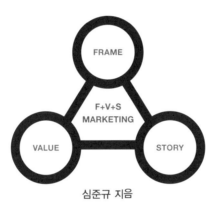

심준규 지음

빠르게 변화하는
시장에서도
마케팅은 필요합니다

탈산업화 시대를 지나 디지털 시대를 살고 있는 요즘,

세상이 매우 빠르게 변화하고 있습니다.

특히 인터넷과 스마트 기술의 발전으로 하루가 다르게 첨단 기술을 활용한

다양한 제품들이 시장에 나오고 있죠. 과거부터 존재하던 시장은 변하고

있으며, 기술의 발전으로 인해 존재하던 시장이 사라지고,

전혀 예측하지 못한 시장이 새로이 만들어지기도 합니다.

이렇게 빠르게 변화하고 다양해지는 시장에서도 꾸준히 요구되는 것이 있습니다.

고객의 니즈를 발견하여 충족시켜주어야 한다고 외치는,

바로 마케팅인데요.

많은 사람들이 쉽게 말하면서도

막상 실천하기 어려운 것이 또 마케팅입니다.

시장의 불확실성으로 인해 마케터들은 매우 어려운 시대에 살고 있습니다.

단순히 'A는 B이다'라는 경험과 이론에 근거한 마케팅 전략이

더 이상 통하지 않기 때문입니다.

이러한 불확실성은 기존의 경험과 이론에 대해 새로운 정의를 요구하게 됩니다.

'A=B', 'B=C'. 그러면 'A=C'가 맞을 수도 있고 틀릴 수도 있고,

엉뚱하게 'A=Z'라는 결론이 나올 수도 있는 환경입니다.

즉 경험을 통한 추론만으로는 꼭 들어맞는 정답을 쉽게 찾을 수 없는 시대입니다. 이러한 불확실성과 변화가 많은 시대이기에 마케터의 고민도 깊어질 수밖에 없습니다.
오프라인 중심의 시장에서 온라인 시장의 등장,

그리고 온라인-오프라인이 유기적으로 연관되어 있는 시장으로 진화하면서
어떻게 고객을 만족시킬 것인가가 모든 마케터들의 고민입니다.

우리는 '마케팅'이란 단어가 너무나도 익숙한 시대에 살고 있습니다.

생활 속에서 쉽게 '마케팅'이란 단어를 접할 수 있으며
마케팅에 대한 이야기를 흔히 들을 수 있습니다.
이렇게 마케팅에 친숙해진 요즘, 한 가지 질문을 해봅니다.

"마케팅이 뭔가요? 마케팅은 왜 필요한 것인가요?
그리고 마케팅은 어떻게 해야 하는 것인가요?"

마케팅에 대해 많이 듣고 익숙한 만큼
마케팅에 대해 잘 알고 있을 것이라 생각하지만,
막상 이 질문에 명쾌하게 대답할 수 있는 사람은 많지 않을 것입니다.
마케팅을 오래 하신 분이라 해도, 마케팅은 학문적인 이해를 떠나
변화와 흐름을 반영해야 하기 때문입니다.
저도 이러한 질문을 받았을 때 어떻게 대답해야 할지 한참 고민했으니까요.
마케팅이 무엇이고, 왜 필요하며, 어떻게 해야 하는지를
고민하고 또 고민해보았습니다.
전문적인 마케팅이 필요한 시장에서 마케팅을 업으로 삼아왔습니다.
마케팅을 업무 타이틀로 가지고 일을 하면서
동료와 선배들에게 질문하곤 했습니다.

마케팅이 무엇인지, 그리고 어떻게 해야 하는지를.

그러나 명쾌하게 대답해주는 분은 만나기 어려웠습니다.

그들은 한결같이 이런 대답을 했습니다.

"마케팅은 어려운 거야. 남들은 마케팅을 쉽게 이야기하는데, 정말 어려운 거야."

네, 명쾌한 답을 얻기는커녕 오히려 어려운 것이라는 결론,

쉽지 않은 길을 왜 가느냐는 질문이 돌아왔죠.

마케팅에 발을 담그고 있으면서 내린 결론은

마케팅은 한마디로 정의하는 것이 생각처럼 쉽지 않다는 것이었습니다.

애플과 현실의 마케팅

마케팅 하면 애플을 떠올리게 됩니다.

제품이 아닌 가치를 판다고 정의되는 애플의 마케팅,

왜 시장에서 애플에 열광하는가를 분석한 기사들이 쏟아져 나왔습니다.

마케팅은 고객을 만족시켜야 하고,

고객이 미처 인지하지 못한 가치를 제공해주면서

고객을 감동시켜야 한다는 이론 말이죠.

네, 맞는 말입니다. 그리고 마케터라면

누구나 애플처럼 고객에게 가치를 제공하는 그런 마케팅을 꿈꾸고 있습니다.

하지만 다시 **책상 앞에 앉으면 현실과의 싸움이 시작**됩니다.

사업부 내에서 정해준 지침에 맞추어

분기 단위, 월 단위, 주 단위로 나뉜 마케팅 업무를 처리해야 하는 현실로 돌아오죠.

진행했던 마케팅 프로모션에 대해 숫자를 곁들여
보고서를 작성하는 일상으로 말이죠.
잠시나마 꿈을 꾼 듯이 그렇게 동경하던 이상은 눈앞의 현실에 의해 밀려나곤 합니다.
이런 일이 반복되다 보면 마케팅의 본질,
고객을 감동시킬 만한 가치를 발견하는 것은
잠시 저 멀리 던져두게 됩니다. 결과물을 보여주기 위한, 고객 지향적이기보다는
상사 지향형의 마케팅 계획이 수립되고, 시작부터 끝까지 대략의 시나리오를 가지고
임하는 모습을 볼 수 있습니다. 그리고 잠시 멀리 던져두었던 고객 감동은
관심에서 멀어지고 맙니다. 물론 고객에게 진정한 가치를 창출한다는
명분으로 이루어지지만, 그 안에 몸담고 있으면서
"과연 효과적일까? 고객이 만족할까? 진정 이것이 답일까?"
하고 자문해보지만 그저 시간에 몸을 맡기곤 합니다.

마케팅을 좀 더 쉽게 이해하고 적용할 수 없을까 고민했습니다.

마케팅이 너무 궁금했고 경험해보고 싶었습니다.
제가 마케팅을 처음 시작한 것은 이랜드 유통사업부, 이천일아울렛 안양점에서
근무할 때였습니다. 당시 마케팅 본부에서 내려오는
많은 프로모션에 대해 의문을 가졌습니다.
지점 마케터였던 저는 본사의 마케팅 직원을 만나면 질문했죠.
고객이 과연 이 프로모션을 좋아할까요? 어떤 것을 제공해야 할까요?
그렇게 의문을 가지고 마케팅 영역에 깊게 빠지기 시작했습니다.
그 후 이랜드 유통사업부 마케팅 본부에서 업무를 맡았고,
이랜드 패션사업부로 옮겨가서 내의, 캐주얼 SPA, 스포츠, 숙녀복 등

다양한 카테고리의 브랜드를 경험하며 마케팅을 진행해보았습니다.

어찌 보면 시장이 다른데 어떻게 유통과 패션을 넘나들 수 있을까 싶기도 하지만,

제가 경험한 바에 따르면 고객은 같았습니다.

자신이 원하는 것을 브랜드에서 채워주길 바라고, 고객 입장에서 무엇이 부족하다고

또렷하게 표현할 수는 없지만 무언가 부족함을 느끼고 있었던 것입니다.

그러한 고객의 니즈를 찾아 채워준다는 면에서

다양한 콘셉트의 브랜드를 경험하는 데

큰 무리는 없었습니다. 오히려 고객에 대해 더 배우고 알 수 있는 기회였죠.

MBA 과정을 통해 다양한 사례를 접하며 트렌드가 어떻게 변화하는지,

브랜드 입장에서 그리고 마케팅 측면에서 어떻게 준비하고

고객과 소통할지를 고민해보았습니다.

하지만 이론과 현실은 달랐기에

마케팅의 정의를 쉽게 내릴 수 없었습니다.

마케팅 협회의 발간지, 마케팅 분야의 세계적인 권위자로 불리는

필립 코틀러Philip Kotler, 그리고 현대 경영학의 창시자라 불리는

피터 드러커Peter Drucker의 책들을 줄기차게 읽어보았죠.

마케팅이란 하나의 조직적인 기능이며,

여러 가지 방법으로 기업과 기업의 이해관계자들을 이롭게 하는

고객에게 가치를 창출하고, 가치를 알리며, 실제로 가치를 전달하기 위한

그리고 고객 관계를 관리하기 위한 일련의 과정이다.

– 미국 마케팅협회American Marketing Association

기업이 고객을 위해 가치를 창출하고 강한 고객 관계를 구축함으로써
그 대가로 고객들로부터 그에 상응하는 가치를 얻는 과정이다. – 필립 코틀러

마케팅의 목적은 판매 노력을 불필요하게 만드는 것이다. – 피터 드러커

익히 들어왔던 말이기에 고개를 끄덕이게 됩니다.
하지만 실제 업무 현장에서 이러한 마케팅의 개념을
어떻게 적용해야 할지 생각하는 순간 책을 덮고 고민하게 됩니다.
어떻게 가치를 창출할 것이며, 어떻게 고객 관계를 구축하며,
어떻게 판매 노력이 불필요하게 해야 하는지를 말이죠.

너무나 많은 마케팅 이론이 존재하고 있습니다.

흔히 듣게 되는 마케팅 이론들, '○○/○○○마케팅'이라고
일컬어지는 다양한 마케팅을 살펴보면,
기술적인 측면에서의 접근 기법이 대부분입니다.
고객에게 어떻게 접근하여 호응을 얻을지에 대한 방법을 이해하는 데
도움이 되는 기법들이죠. 마케팅이라는 큰 주제 안에서 세일즈 프로모션의 방법이
마치 새로운 전략으로 떠오르면서,
프로모션 방법에 마케팅이란 용어를 붙이는 경우가 많습니다.
이렇다 보니 시장에서는
마케팅 이론과 전략이 넘쳐나는 것처럼 보입니다.
많은 사람들이 마케팅에 대해 친숙하게 인식하게 된 것은 매우 반가운 현상입니다.
하지만 주로 판매 촉진에 집중된 단편적인 마케팅 기법을

마치 마케팅의 실체로 이해하는 것 같아

안타까운 마음이 들기도 했습니다.

막상 마케팅을 실무에 적용하려고 하니 어려움이 있었습니다.

저 역시 새로운 '○○/○○○마케팅'이 나올 때마다 업무에 적용해보려 했습니다.

물론 효과를 본 적도 있지만, 결과가 크게 변하지 않았던 적도 있었습니다.

사업의 특성상 고객군에게 적용할 수 있는 부분과

그렇지 못한 부분의 차이가 있었습니다.

또한 시장이 빠르게 진화하고 트렌드가 변화함에 따라

적용할 대상이 사라지기도 했습니다. 하나의 시장 혹은 어느 분야에서

성공한 사례를 마케팅 이론화하여

다양한 업무에 적용하는 것은 기대 효과가 생각보다 적었습니다.

타깃 고객과 그 고객에게 제공해야 하는

가치가 각기 업무 영역별로 다른 것을 간과한 것이죠.

어느 시장에서의 작은 성공을 일반화하여 적용하다 보니

실제로 유효한 결과를 얻어내기란 쉽지 않았습니다.

그렇다고 마케팅의 기본 원리인 '고객의 니즈를 충족해준다'라는 개념으로

업무에 적용하자니 무엇을 해야 하고,

정말 그것이 효과적인지 측정하기에는 부족했습니다.

좀 더 실무적인 접근, 마케팅의 원리를 실무에 적용하는 데 있어서,

이론과 현실의 간극을 메워줄 가이드라인이 있었으면 하는

마케터의 니즈가 발생했죠. 이러한 마케터들의 니즈를 명쾌하게 채워주는

방법을 오랫동안 고민해왔습니다.

마케팅을 진행하는 데 꼭 필요한 프레임을 만들었습니다.

하루하루가 전쟁인 유통 현장에서,

그리고 패션 트렌드와 브랜드의 가치를 중시하는

패션 현장에서 마케팅을 경험하며

시장에 적합한 마케팅 프레임을 갖추어보았습니다.

진리처럼 보이는 마케팅의 굵직한 개념, 그리고 판매 촉진에 초점을 맞춘

기술적인 마케팅 이론들 사이에서 마케팅 프레임을 만들어보았습니다.

그 프레임이란 마케팅은 3개의 요소로 구성된다는 것입니다.

이 세 가지 요소는 기존에 없던 새로운 프레임을 만든 것이 아닙니다.

이미 여러분이 알고 있고 경험하고 있는 사항들을

3개의 관점으로 나누어본 것입니다.

FVS 마케팅은 이처럼 매우 심플한 것입니다.

하지만 새로운 비즈니스를 준비하고,

제품을 준비하면서 놓칠 수 있는 부분,

가장 근본적이고 유기적으로 연관되어야 하는 부분들을

하나의 공식으로 만들었습니다.

이 책은 마케팅의 어떠한 이론이 옳고 그름을 설명하고자 하는 것이 아닙니다.

마케팅에 대해 광의의 개념을 설명하는 책도,

그리고 실무자가 업무를 진행하는 데 필요한

업무 기술의 'A to Z'를 설명하는 책도 아닙니다.

저 스스로가 마케팅을 좋아하고, 잘하고 싶어서 고민하고 노력했던 결과물을

단순한 세 가지의 프레임으로 정리하였고,

이 프레임을 통해 마케팅 영역을 바라보았으면 합니다.

고객의 니즈를 발견하고, 고객에게 만족스러운 가치를 개발하여,

고객이 이해하기 쉽게 제공해주는, 고객 중심의 마케팅 프로세스를

진행하는 것에 대해 이야기하려 합니다.

차 례

Frame 027

FVS 마케팅의 첫 번째 요소인 Frame / 3인칭에서 1인칭으로 / 안으로 들어가면 보이는 시장들 / 체험하면 보입니다 / 1인칭이 될 수 없는 1인칭 마케팅 / 고객을 정의하기 / 페르소나를 통해 세트 판매 구성 / 움직임까지 예측한다 / 온라인·오프라인은 경쟁 채널이 아닌 융합 채널 / 익숙해져가는 옴니채널 / 스마트하게 진화하는 결제 시장 / 들여다보면 구매 패턴이 보이는 온라인 쇼핑

Value 113

고객의 핵심 니즈 찾기 / 나를 선택해야 하는 이유 만들기 / 변화하는 니즈 / 가치의 변화, 소유에서 공유로 / 5Why를 통한 핵심 니즈 찾기 / 가치 플랫폼 / 기회비용을 고려한 가치 창출 / 효용이 체감하는 가치 / 갖지 못한 것을 채워주는 컬래버레이션

마케팅에 대한 정의

지금까지 우리가 접한 마케팅 원론들에서 이야기하는 마케팅의 핵심은

고객의 니즈를 채워주는 것이었습니다.

고객이 필요로 하는 것을 제공해주는 것이

마케팅의 핵심 원리라는 것입니다.

그리고 그렇게 고객의 니즈를 찾아 마케터들은 열심히 뛰어 다녔고

고객을 관찰하며 니즈 찾기에 많은 시간을 보냈습니다.

이렇게 간단하면서도 매우 중요한, 마케팅의 핵심이라 볼 수 있는 고객의 니즈는

우리가 찾는다고 바로 눈에 보이는 것이 아니었습니다.

시장의 트렌드는 빠르게 변화하고 고객의 라이프사이클 또한 점점 다양해지면서

스마트하게 진화해왔습니다. 특히 필립 코틀러의 마케팅 시장 변화에 대한

정리를 살펴보면, 우리는 현재 마켓 3.0 시대에 살고 있는 것으로 설명됩니다.

'마켓 1.0'은 **공급 중심의 시장**이라 할 수 있었습니다.

산업혁명의 시기로 대량생산을 통해 부가가치를 창출하고,

다수의 고객에게 제품을 공급하면 되었습니다.

이 시기에는 기술력, 즉 고객이 필요로 하는 제품을 만들어 제때에

공급하는 능력이 가장 중요했습니다.

'마켓 2.0'은 대량생산의 시기를 넘어서 **판매자 입장**에서 좀 더 적극적으로

임해야 하는 시기였습니다.

정보화 시대로 접어들면서 고객들은 다양한 정보를 접할 수 있게 되었고,

제품 및 서비스의 특징을 쉽게 비교할 수 있는 시대가 되었기 때문입니다.

경쟁사의 등장으로 제품이 포화 상태가 되면서

기업이 고객의 니즈를 파악하여 고객의 감성을 자극하는 것이 중요해졌습니다.

따라서 기업들은 부가가치를 얻을 수 있는

제품 및 서비스를 개발하여 공급하게 됩니다.

그리고 지금은

완벽한 **고객 중심의 시장**으로서 고객을 감동시켜야 하는

단계인 **마켓 3.0의 시대**입니다. 또한 기업들이 고객의 니즈를 채워주는 것을 넘어

사회에 긍정적인 메시지를 전달해야

고객과 긍정적인 관계를 만들어갈 수 있게 되었습니다.

고객이 제품 및 서비스의 구매 활동을 통한 만족을 넘어,

감동하고 더 나은 세상이 만들어지기를 기대하는 시대가 도래한 것입니다.

또한 기업과 고객의 단순한 상호작용을 넘어 기업과 고객과의 사이에는

많은 이해관계가 성립되어, 이전보다 복잡한 다자 간의 협력을 통해서

상호작용이 일어나게 되는 것입니다.

이는 마케팅이 과거에 비해 더 복잡해지고 다양해진다는 것을 의미합니다.

또한 마케팅은 앞으로도 지속적으로 필요하지만, 그 적용 프레임은

시장이 변화하는 속도에 맞추어 변화되어야 하며,

고객에게 전달하는 가치도 단순한 만족을 넘어선 감동을 줄 수 있어야 합니다.

당연한 1만 시간의 법칙?

세계적인 작가 말콤 글래드웰은 『아웃라이어』에서 '1만 시간의 법칙'을 언급했습니다.

성공을 위해서는 꾸준한 노력이 필요함을 언급했던 것이죠.

제가 다니던 회사에서도 필독서로 지정하여 동료들과 읽고 토론했던 기억이 있습니다.

제 삶에 적용하여 저만의 1만 시간의 법칙을 세우기 위해 노력했던 기억도 납니다.

하지만 근래에는 선천적인 재능이

후천적인 노력보다 더 중요하다는 반론이 제기되면서

시장에서 이슈가 되고 있습니다. 물론 타고난 재능도 후천적인 노력이 따르지 않으면

빛을 발하기 쉽지 않겠지요. 어찌 보면 당연한 말이려니 하지만,

이러한 관점을 제시해주었을 때 우리는 '맞아, 맞아' 하면서 동의하게 됩니다.

지금은 누구나 지구가 둥글다는 사실을 당연하게 받아들이고 있지만,

그렇게 생각하지 않았던 때가 있습니다.

1만 시간의 법칙도 그랬고요.

열심히 노력해야 성공할 수 있는 이론적인 부분에서

선천적인 재능을 이길 수 없다는 입장이 등장하며 대립하게 되는 것은

성공하기 위한 조건을 바라보는 관점이 다른 것입니다.

우리에게 보이는 현상을 어떤 관점으로 바라보느냐에 따라

세상에 없던 새로운 것을 발견할 수도 있고 그렇지 않을 수도 있습니다.

반대로 세상을 놀라게 할 수 있는 이론적인 현상을 보고도

간과하며 넘어갈 수 있는 것입니다.

바라보는 관점에 따라 전혀 다른 세상을 보여줄 수 있는 것입니다.

점점 멀어져가는 고객

고객을 중심에 놓고 고객이 만족할 가치를 생각해야 하는데도
그 본질을 외면하는 경우가 줄곧 발생합니다.
마케팅을 직업으로 가진 사람들은 마케팅 액션에 대한 피드백을
정량/정성적으로 확인하곤 합니다. 정성적인 평가보다 정량적인 평가를 통해
좀 더 가시적인 숫자로 마케팅 전략을
수립하는 것이 강조되기도 합니다.
이렇게 숫자를 중시하다 보니 고객을 지켜보고 변화를 확인하는 등
고객을 이해하고 고객에게 다가가기 위한 기다림의 시간이 점점 짧아지고 있습니다.
이러한 상황이 지속되다 보면 마케터들은 점차 단기간 내에 숫자로
검증할 수 있는 것을 중심으로 마케팅 활동을 진행하게 됩니다.
짧은 기간 동안 프로모션을 하더라도 정량적인 평가를 하여
그 결과를 판단하려 하는 것이죠. 고객이 인지하고 가치를 창출하는 데는
수개월이 걸리는데도 기다려주지 않는 것입니다.
마케팅 환경이, 그리고 마케팅을 담당하는 마케터 스스로 기다림이란
시간 대신 단기간에 정량적으로 답을 얻는 것에 익숙해지고 있습니다.

당장의 매출에 영향을 미치는 세일즈 프로모션의 비중이 더 높아지고 있고,

고객 중심의 마케팅은 점차 멀어지고 있는 것 같습니다.

단기간에 고객을 푸시push하여 구매로 연결짓는 프로모션만 존재하고,

정작 고객의 입장에서 바라보고 고객이 무엇을 필요로 하는지에 대한 고민,

마케팅의 본질적인 가치에 대한 접근은 점점 사라지는 것 같아 안타까웠습니다.

고객이 제품·서비스에 만족하고

감동할 수 있는 가치를 제공해주기 위해

고민하고 새로운 가치를 개발하기 위해 노력해야 하는데 말이죠.

고객에게 가치를 제공해주지 못한다면 고객은 자연스레 점점 멀어져갈 것입니다.

SNS 없는 마케팅?

요즘 마케팅에서 빠질 수 없는 것이 SNS Social Network Services입니다.

무선 인터넷의 발달과 스마트폰의 보급으로

SNS는 우리의 삶에 깊숙히 자리 잡고 있습니다.

SNS는 지인들과 안부를 전하고 자신의 감성을 표현하기도 하며,

가상 공간에서 나의 삶을 보여주는 도구가 되었습니다.

기업들 또한 소셜미디어를 통해 고객과 소통하려 하고 있습니다.

SNS는 온라인상에서 고객을 만나는 것으로 이해할 수 있습니다.

단순히 저비용 고효율의 홍보 채널로 인식해서는 안 됩니다.

오프라인에서 고객을 만나는 것과 같이 온라인에서도 고객을 맞이하려면

그에 상응하는 시간과 노력이 필요합니다. 고객과 소통하기 위한 채널이 아닌,

저렴한 비용으로 다수의 고객들에게 정보를 전달하는 형태가 되어야 하는 거죠.

그 정보가 수신하는 고객의 입장에서는 유용한 정보일 수도 있으나,

오히려 기업의 이미지를 나쁘게 할 수 있는데도

아직 많은 기업들이 SNS의 단방향적인 홍보 방법을 필수적인 소셜마케팅 방법으로

인식하여 진행해오고 있습니다. 다양한 SNS 채널이 생성되고 있는 시대에

고객과 소통하지 않는 SNS는

오히려 고객과 멀어지는 방법이 될 수도 있습니다.

우리는 어찌 보면 자극적인 것에 익숙해져 있고,

마케터 스스로도 즉각적인 결과를 얻기를 원하는지도 모릅니다.
정작 고객을 알아가고 고객의 눈높이에서 고객과 공감해야 하는 방향에 대해서는
점점 멀어지고 있는 것이죠.

당연한 마케팅의 세 가지 요소

이 책은 마케팅의 기술적인 측면을 다루기보다는
마케팅의 관점으로 고객에게 가치를 제공할 수 있는
프레임에 대해 설명할 것입니다.
그렇다고 딱딱한 마케팅 이론이 아닌,
우리가 접했던 사례들을 중심으로 마케팅의 프레임에 맞추어 설명할 것입니다.

FVS 마케팅

제가 그동안 마케팅을 해오면서

중요하게 생각한 3가지 프레임을 제시하려 합니다.

이것은 각 요인별로도 프레임을 갖추게 되지만,

3개의 프레임이 하나가 되어서 마케팅이라는 관점을 더욱 빛나게 해줄 것입니다.

마케팅을 진행하는 데 중요한 세 가지 프레임은 다음과 같습니다.

첫째, 고객의 니즈를 발견하는 것, 즉 고객 중심의 관점(프레임).

둘째, 고객이 감동할 수 있는 가치를 개발하는 것(가치).

셋째, 고객의 니즈를 채울 수 있는 가치를 고객의 언어로 전달하는 것(스토리).

이를 좀 더 쉽게 이해할 수 있도록 공식으로 만들어보면 다음과 같습니다.

마케팅 = 관점(Frame) + 가치(Value) + 스토리(Story)

앞으로 마케팅을 생각할 때는 'F+V+S'만 기억하면 됩니다.

F, V, S의 세 요소만 알면 마케팅의 시작부터 끝까지 함께 할 수 있습니다.

마케팅의 세 가지 요소는

관점(Frame), 가치(Value), 이야기(Story)로

구성되지만,

이 세 가지 요소는 마케팅이 진행되는 순서이기도 합니다.

고객의 눈높이로 세상을 바라보고, 고객이 원하는 니즈를 발견하고, 고
객에게 가치를 제공할 수 있는 제품·서비스를 개발한다는 것입니다.
다시 말해 고객에게 필요한 가치를 고객의 언어로
고객이 주인공이 되는 스토리를 제공해야 합니다.
FVS는 마케팅을 진행할 때 고려해야 하는 관점들로,
시간적 흐름까지 반영된 것입니다.

1
Frame

Marketing

ǁ

Frame

+

Value

+

Story

마케터의 입장에서 시장을 바라보는 관점에 대해 이야기하려 합니다.
경험에 의해 시장의 깊이를 알 수 있을 것이고,
자신의 관심 분야에 따라서 보이는 시장이 각기 다를 것입니다.
같은 시장이지만 어떻게 바라보느냐에 따라
기회가 보이기도 하고, 아직은 덜 성숙되었지만
곧 이슈가 될 만한 트렌드도 발견할 수 있습니다.

비행기를 타고 하늘 위에서 내려다보는 도시는 참 아름다워 보입니다.
특히 야경을 볼 때면
가로등 불빛과 빌딩들의 화려함에 탄성이 나오곤 합니다.
하지만 막상 도시 안에 들어가면
하늘 위에서 내려다보는 것처럼 아름답지만은 않습니다.
꽉 막힌 도로와 높고 낮은 빌딩들, 바쁘게 움직이는 사람들,
하늘에서 바라본 모습과는 전혀 다를 수 있습니다.
이처럼 같은 도시 풍경도 하늘에서 바라보는 모습과
도시 안에서 바라보는 모습이
다르듯이, 고객 또한
어디에서 바라보느냐에 따라 다를 수밖에 없습니다.
커다란 빌딩에 가려 고객의 니즈가 안 보일 수도 있고,
개별 고객이 원하는 니즈를 발견할 수도 있는 것입니다.

FVS 마케팅의 첫 번째 요소인

Frame,

시장을 바라보는 관점은 마케팅을 기획하는 데 가장 중요한 요소입니다.
우리가 사물 혹은 현상을 바라보는 관점에 따라 이후에 만들게 되는
가치Value와 스토리Story에 영향을 미치기 때문입니다.
바라보는 위치에 따라서, 거리에 따라서, 그리고 입장에 따라서
나와 상관없는 남의 것이 되기도 하고, 나에게 꼭 필요한 것이 되기도 합니다.

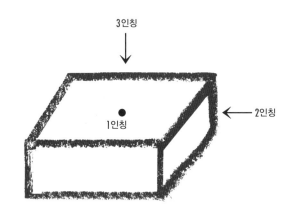

상자의 위, 옆, 안에서 바라보는 모습이 각기 다릅니다.
우리가 바라보는 현상은 어떤 관점에서 보느냐에 따라 다르고,
그에 대한 해석도 달라집니다.

바라보는 각도의 중요성

이와 비슷한 관점으로 최근 많은 콘텐츠들이 이슈가 되었습니다.
SNS에서 한때 각도의 중요성이란 주제로 많이 제시되었던 영상물을 기억하시나요?
셀카로 자신의 모습을 찍은 영상들이었죠.
밑에서 올려다보는 각도에서 찍은 사진과
위에서 내려다보는 각도로 찍은 사진의 인물이
전혀 다른 사람 같습니다. 다시 말해 카메라 위치에 따라 못생기고
뚱뚱해 보일 수도 있고 날씬하고 예쁘게 보일 수도 있습니다.
셀카를 찍는 각도에 따라 다르게 보이는 효과를 알기 때문에 '얼짱 각도'를 찾아
카메라를 높이 올려본 경험이 있을 것입니다. 피사체는 변하지 않았는데
어떻게 바라보느냐에 따라 전혀 다른 모습이 되는,
이런 현상은 시장을 바라볼 때에도 동일하게 적용됩니다.

시장을 바라보는 것도 이와 다르지 않습니다.

어떻게 바라보느냐에 따라 기회가 보일 수도 있고,
가려서 보이지 않을 수도 있습니다.
시장의 기회(니즈)를 발견하기 위한 접근 방법으로서
프레임은 매우 중요한 역할을 합니다.
어떠한 관점으로 바라보느냐에 따라 해결해야 할 문제가 보일 수도 있지만,
시야에서 벗어나 보이지 않을 수도 있기 때문입니다.

기존의 고객을 관찰하고 니즈를 확인하는 프레임이

하늘에서 내려다보는 형태였다면,

고객의 옆에서 바라보는 프레임, 더 나아가 고객의 곁에 근접해서

고객과 함께 같은 곳을 보게 된다면

피사체의 모습이 달라질 것입니다.

고객과 같은 눈높이로 바라보는 것이 필요합니다.

FVS 마케팅에서 첫 번째 요소인, 마케팅의 방향을 가리키는 프레임은

고객에게 가까이 다가서서 고객의 입장에서 바라보는 것을 말합니다.

3인칭에서 1인칭으로

고객의 입장이 되면 보이지 않던 것이 보이게 됩니다.

마케팅 담당자라면 항상 고민할 수밖에 없는 문제입니다.

고객의 입장에서

고객이 필요로 하는 것을 찾기 위해 많은 노력을 기울이고 있습니다.

하지만 고객을 바라보는 것과 실제 고객이 되어보는 것은 큰 차이가 있습니다.

고객에게 최대한 가까이 다가서서 고객의 입장에서 바라보는 것이

FVS 마케팅에서 가장 먼저 시작해야 하는 부분입니다.

가설로 시작하는 고객 찾기

FVS 마케팅에서 가장 먼저 나오는 프레임은 **고객의 입장이 되는 것**입니다.
고객의 관점으로 세상을 바라보는 것이죠.
이렇게 고객의 입장이 되어보는 것은
영업·상품개발 활동에서 쉽게 찾아볼 수 있습니다.
제품·서비스를 기획할 때 우리는 고객이라는 명제를 놓고 고민을 합니다.
고객을 정의할 때 가장 먼저 고려해야 하는 것은 어떤 고객을 대상으로
삼을 것인가입니다. '우리의 고객은'으로 시작하게 되죠.
'우리의 고객은 이러할 것이다, 따라서 이러한 것을 좋아할 것이다',
'우리의 제품·서비스는 고객이 필요로 하는 이 부분을 채워줄 것이다'와
같은 가설을 세우게 됩니다.
새로운 제품·서비스를 개발할 때도 마찬가지입니다.
이렇게 고객에 대해 모형을 갖추는 것은 마케팅적 접근을 하는 데
매우 유용한 방법의 하나입니다. 하지만 고객에 대한 정의, 자신 있게 '고객'이라고
정한 그 타깃이 실제 시장에서의 고객과 다르다면 어떤 일이 발생할까요?
타깃 고객을 '고기를 좋아하는 식욕 왕성한 건장한 청년'으로 설정하고,
고객이 먹고 싶어하는 음식을 정성껏 만들어 내놓았는데,
정작 고객은 채식주의자여서
바비큐나 다른 고기 요리를 거부한다면 어떻게 될까요?
무척 난감한 상황이 될 것입니다.

고객의 입장에서 충분히 고객을 관찰하고 이해했다면 고객이 채식주의자인지,
어떤 음식을 좋아하는지를 알아차렸을 것입니다.
마케팅을 하면서 늘 했던 질문의 하나가
'우리의 고객은 어디에 있을까?'였습니다.
이렇게 고객에 대해 정의하는 것이 마케팅의 시작이었습니다.
목표 고객을 설정한 다음에
비로소 고객의 니즈를 찾을 수 있게 됩니다.

도시를 상상해볼까요? 비행기 안에서 아래를 내려다보면
도시는 매우 조용하고 아름답게 느껴집니다.
하지만 공항에 도착해서 차를 타고 도심으로 들어가 보면
하늘에서 본 모습과 다르다는 것을 알게 됩니다.
빠르게 달리는 차들,
바삐 걸어가는 사람들로 인해 매우 역동적인 모습입니다.
이제 차에서 내려 건물 안으로 들어갑니다.
건물 안의 높은 홀과 에스컬레이터,
나지막이 이야기하는 사람들의 모습이 보일 것입니다.
이처럼 같은 도시인데도 보는 위치에 따라서
각기 다른 모습을 관찰하게 됩니다.
마케터는 고객을 관찰하고 니즈를 파악하려 할 때
어떠한 눈높이로 바라보아야 할지,
그리고 어느 정도의 거리에서 고객을 보아야 할지를 정해야 합니다.

원형 상자를 어디에서 바라보느냐에 따라 다른 모양이 됩니다.

위에서 볼 때는 둥근 원이 되고, 옆에서 보면 직사각형, 안에서 보면 굴곡진 모양이 됩니다.

프레임에 따라 달리 보이는 것들

프레임에서 가장 먼저 인지해야 하는 부분은

바라보는 위치와 관점에 따라서 우리 눈에 들어오는 모습이 다르다는 것입니다.

동일 산업군에서 경쟁사와 유사한 타깃 고객군을 가지고 있다 해도

어떻게 바라보느냐에 따라 새로운 고객군이 창출될 수 있습니다.

그리고 지금의 고객군에서 필요로 하는 부분들을 발견해낼 수 있습니다.

고객에게 다가갈 때에 '고객'이라는 3인칭 시점으로 정의하고 바라보기보다는,

'고객'에서 '당신'이라는 2인칭 시점으로 좀 더 가까이에서 바라보는 것은 어떨까요?

고객이라 칭하고 고객이라는 페르소나를 정한 뒤 거리를 두고 바라볼 때와 달리,

나의 친구 또는 가족이라고 생각하고 조금 더 가까이 가서 바라보면

필요로 하는 부분들이 달리 보이게 될 것입니다.

고객의 라이프스타일에 더 가까운 거리에서 바라보기 때문입니다.

이것이 2인칭 시점으로 바라보는 것입니다.

2인칭 시점보다 더 가까이에서 고객의 니즈를 확인하는 방법은

바로 고객 자신이 되는 것입니다. 즉 1인칭 시점으로 바라보는 것입니다.

실제 고객의 입장이 되어서 바라보고 생활해본다면

무엇이 필요한지 더 잘 알게 될 것입니다.

3인칭 시점에서 고객이라고 정의하고 바라보거나

또는 2인칭 시점으로 좀 더 가까이에서 바라볼 때는

보이지 않던 니즈들이 보일 것입니다.

1인칭 시점으로 바라보기

마케터가 고객의 니즈를 가장 잘 알 수 있는 방법은

1인칭 시점으로 바라보는 것입니다.

마케터가 아닌 고객 자신이 되어야 합니다.

'고객이라면?'의 가정에서 벗어나서 실제로 고객이 되어 바라보는 것이죠.

의도적으로 고객의 입장으로 이것저것 바라보는 훈련이 필요합니다.

마치 에드워드 보노 Edward de Bono의 '6개의 모자기법 Six Thinking Hats'을 적용하듯이,

타깃으로 삼은 고객의 입장이 되어보는 것이죠.

우리에게 우호적인 고객의 모습만 생각하지 말고 실제 시장에서 만날 수 있는

고객의 모습을 생각해보고, 철저히 그 고객의 입장이 되어볼 필요가 있습니다.

사소한 것에도 불만을 느끼는 고객의 모습, 시간적 여유가 없는 고객의 모습,

가치 지불에 대해 숫자로 판단하고 싶어하는 고객의 모습 등

다양한 고객의 입장에서 생각해보아야 합니다.

100퍼센트 고객의 입장이 되어 바라보는 것이 필요합니다.

고객이 원하는 것을 알기 위해서는 고객이 되어야 합니다.

하지만 업무를 하다 보면 이 부분을 자주 놓치게 됩니다.

'내가 고객이라면?'이라는 가설을 전개하게 됩니다.

고객에게 가치 있고 필요한 것을 알기 위해서는 시장을 바라보는

프레임의 변화를 통해 고객의 입장이 되어

고객의 니즈가 무엇인지를 발견해야 합니다.

고객의 입장에서 멀어져간 사은품

제가 유통 시장에서 마케팅을 할 때의 경험을 소개해보겠습니다.

지금도 완전히 사라지지는 않았지만 그때는

거의 매주 경쟁적으로 전단지 광고를 진행하던 시기였습니다.

백화점도, 아울렛도 앞다투어 광고 전단을 발행했습니다.

지점의 마케터들은 광고 전단의 이슈와 전단에 실릴 제품을 확보하는 것이

업무의 하나였습니다. 고객에게 특가 제품을 알리고, 사은품 증정을 통해서

고객의 집객을 유도하는 것이 주된 목적이었습니다.

처음의 한두 번,

그리고 주요 시즌(봄~초여름, 가을~겨울) 외에 이슈를 잡는다는 것은

매우 어려운 일이었습니다. 특히 비수기(7~8월)에는

광고 전단의 테마를 잡는 일부터 고민이 될 수밖에 없었습니다.

고객이 공감하고 감동하는 제품을 선정하기보다

가격대 중심으로 보여주거나 경쟁사의 행사에 맞추는 게 다반사였습니다.

이 정도까지만 들어도 대충 감이 잡힐 것입니다.

네, 마케팅 활동을 준비하면서

고객으로부터 점점 멀어지고 있었던 것입니다.

처음에는 고객이 좋아하고 필요로 하는 것에 집중했으나

결국 가격대 중심의 전단지 광고,

상품 구성과 전단 지면을 채우는 데 급급하기도 했습니다.

물론 일부 사례에 불과하지만

이러한 상황이 반복되다 보니 고객에게 가격에 대한

　　　　만족은 줄 수 있을지 몰라도 **그 이상의 감동을 주기는 어려웠습니다.**

이미 고객도 광고 전단 행사에 익숙해져 있고 제품군과 가격대를 학습하여

더 파격적인 특가 제품을 기대하게 되었고,

그 기준에 도달하지 못하면 오히려 실망하는 지경에 이르렀으니까요.

　　　　　　고객이 **'무엇을 좋아하고 필요로 할까'** 라는 생각에서 시작한

사은품 행사는 오히려 고객에게 구매를 강요하는 미끼로 변했습니다.

특가 제품 외에 전단 행사에서 신경 쓰는 부분이

고객 집객을 위한 사은품이었습니다. 방문하는 고객에게 선착순으로

사은품을 무료로 증정하는 행사를 벌여 고객의 관심을 끌려고 했죠.

사은품은 비싼 고급 제품은 아니지만, 고객들이 좋아할 만한

제품들을 준비했습니다. 타깃 고객이 주부였기 때문에 주방용품이 많았습니다.

밀폐용기, 그릇 세트, 수납함 등의

다양한 제품들을 준비하여 진행했는데, 이 또한 한계에 부딪혔습니다.

매주 다른 사은품을 준비해야 하는데 나중에는 더 이상 새로운 것을

찾아내지 못하게 된 것입니다. 고객의 반응도 시큰둥해지고,

전단 행사에 대한 호응이 점차 떨어진 것은 당연한 결과였습니다.

사은품 효과가 없어지는 것을 몸으로 느끼며 다른 돌파구를 찾게 되었죠.

고객을 1인칭이 아닌 '고객'이라는 3인칭으로 바라보는 한

고객의 마음을 잡으려는 노력은 오래 가지 못했습니다.

고객 또한 프로모션을 학습하고 새로운 서비스 혹은 더 필요한 것을 채워주어야

만족하고 움직이기 때문입니다. 접근 방법은 고객의 입장이 되는 1인칭으로

바라보는 것이었으나, 실제로는 3인칭 시점에서 고객을 바라보고 고객을 움직이게 하려 했던 것입니다.

이는 선순환이 아닌 **빠져 나올 수 없는 늪**에 점점 깊이 들어가는 것처럼 느껴졌습니다.

1인칭 시점, 고무장갑의 위력

한번은 전단 제품 품평회에 사장님이 직접 참석하셨습니다.
당시 사장님은 전단 제품의 기준에 대해 명쾌하게 답을 주셨습니다.
올릴 제품들에 대해서는 타깃 고객 주부들이 감동을 넘어
감격할 수 있게 해야 한다고 말이죠. 전단에 실을 제품을 선정하는 마케터들은
자신이 꼭 사고 싶어서 전단에 올려놓기도
아까울 정도로 매력적인 제품과 가격을 제시해야 한다고 강조하며,
다음과 같은 기준을 제시했습니다.
전단의 특가 제품이라 함은 주부들이 전단을 보고,
설거지를 하다가도 그 자리에서 고무장갑을 낀 채로
달려나갈 정도의 제품이어야 한다는 것이었습니다.
또 메인 광고 제품이라 함은 주부들이 오전에
집안일을 마치고 사러 나가는 제품이라고 했습니다.
요컨대 주부의 입장에서 제품을 선택하고 준비하라는 것이었습니다.
우리의 전단 프로모션의 고객은 남성 고객, 직장인 여성 고객이 아닌
주부들이 1차 고객이었으니까요.
마케팅·상품 기획을 하는 직원들은 광고 제품, 전단 제품 등을 준비할 때
항상 '고무장갑'을 떠올렸습니다. 전단 광고에 싣기에 아까워서
내가 먼저 사고 싶은 제품이어야 한다는 기준,
그것이 고객의 눈높이에서 고객에게 어필할 수 있는 광고 제품이었으니까요.

위 사례는 오프라인 중심의 마케팅 시장에서 경험한 사례이지만
그 진행 원리를 이해한다면 온라인에서도 동일하게 적용할 수 있습니다.
고객의 눈높이로, 고객의 입장이 되어서 고객이 반응할 수 있는
핵심 가치를 찾아내어 제공하는 것이죠.
고객에게 인기 있는 제품을 발견하는 방법은 간단합니다.
마케터가 아닌 고객이 되어보는 것,

즉 **1인칭이 되는 것**입니다.

중국 내복 시장에서 고전한 한국 브랜드

고객과 동일한 1인칭 시점으로 바라보는 것은 국내뿐만 아니라
해외 시장으로 진출하는 기업에게도 매우 중요한 일입니다.
특히 다양한 콘텐츠들이 외국으로 수출되는 시대에 기업은 현지 고객의 눈높이로
시장을 바라보아야 합니다.
다음 사례는 외국으로 진출하는 기업이 현지 고객의 입장에서
바라보는 것의 중요성을 잘 설명해줍니다.
우리에게 익숙한 내복 브랜드 기업들이 중국에 진출하고 있습니다.
하지만 초기에는 여느 패션 브랜드처럼 고전했습니다.
패션 의류 시장은 패션의 트렌드와 지역적인 문화의 차이로 인해
진입하는 데 다소 높은 장벽이 형성되는 반면,
내복 시장은 겉으로 드러나는 옷이 아니기에 상대적으로 저항이
적을 것으로 예상되었습니다. 하지만 내복 시장은 적지 않은 문화적 장벽에
부딪혀 고전해야 했습니다. 한국에서는 패션 브랜드에서도 기능성 내복을
출시하면서 내복에 대한 인식이 달라지고 있던 터라 중국 시장에서 겪는 고전에
의아할 수밖에 없었습니다. 유니클로 Uniqlo의 히트텍, 스파오 SPAO의
웜히트와 같은 내복이 우리에게는 전혀 어색하지 않습니다.
우리나라 소비자는 기능성 소재로 만든 얇은 내복을 선호하는 반면,
중국 소비자들은 얇은 내복보다 두꺼운 내복이 더 따뜻하다고 믿는다고 합니다.
이 때문에 초기 중국 시장에서

얇은 내복이 잘 팔리지 않아 큰 어려움을 겪어야 했습니다.

단순히 한국에서 인기를 끌었던 제품이고 중국의 북방 지역은 더 추운 곳이니 얇은 기능성 내복이 잘 팔릴 것이라는 생각이 완전히 깨진 사례입니다.

중국 고객의 관점으로 바라보았다면 조금 더 수월하게 진입했을 것이라는 생각이 들었습니다. 물론 지금은 중국 시장도 빠르게 변화하고 도시화가 진행되고 있어 라이프사이클 전체가 바뀌고 있습니다.

쇼핑하는 방법 또한 예전과 많이 달라져서 TV 홈쇼핑에서 구매하는 사람이 빠르게 증가하고 있습니다. 외국 시장으로 진출할 때는 특히 현지인의 관점에서 생각하는 것이 중요합니다. 밖에서 바라본 중국 시장과 안에서 바라본 중국 시장은 많이 다를 수 있습니다.

아직까지 외국 브랜드들이 중국 현지 공략에 성공하지 못한 사례가 많습니다. 중국이라는 국가의 정치적·경제적 특수성도 있지만, 그만큼 중국 고객의 입장에서 깊이 분석하지 못한 잘못도 있습니다.

중국의 고객이라는 3인칭의 입장이 아닌, 현지에서 중국 고객들의 생활과 인식을 잘 파악했더라면 진출 전략이나 방법을 달리 할 수 있었을 것입니다.

3인칭 관점이 아닌 중국 시장에서 내복을 구입하는 고객의 입장인 1인칭 시점으로 시장을 바라보았다면 고객의 니즈를 제품에 반영하여 저항을 줄일 수 있었을 것입니다.

물론 위의 사례에 대한 리뷰가 사후약방문 격인 설명일 수 있지만, 아직도 많은 기업들이 현지인의 입장에서 이해하기보다는 단순한 삼단논법으로 시장 기회를 바라보며 해외 시장으로 진출하고 있습니다.

중국에 진출하여 성공한 기업들의 공통점은

본토화 本土化,

즉 현지화입니다. 이는 3인칭 시점이 아닌 현지 고객의 1인칭 시점이 된다는 것입니다.

안으로 들어가면 보이는 시장들

우리가 생활하고 있는 시장을 3인칭 시점으로 바라보다가 1인칭 시점으로
고객에게 더 가까이 다가가면 보이지 않던 시장이 보이게 됩니다.
평소에는 당연하게 여기던 것도 새로운 기회로 보일 수 있게 됩니다.
얼마나 더 고객과 같은 시점을 가지느냐가 중요합니다.
고객의 눈높이와 같은 1인칭 시점이 되기 위해서 기존에 눈에 띄지 않았던 혹은
보이더라도 크게 신경 쓰지 않았던 것을 다시 살펴보는 것 또한
고객의 눈높이에서 보는 훈련이 됩니다.

논현동 영동시장 골목의 카페

논현동의 영동시장 안에 있는 카페를 아시나요?

영동시장에는 유명한 맛집이 많습니다.

특히 저녁시간에는 직장인들이 회식을 많이 하는 곳입니다.

식당으로 가득한 이 골목에 카페라니?

그것도 구석이 아닌 목 좋은 곳에 자리 잡은 커피숍이 있습니다.

저녁이면 항상 사람들로 북적이는 동네인데,

맛있는 고깃집 하나 더 있으면 좋으련만, 그것도 프랜차이즈 카페도 아니고

일반 커피숍입니다. 시장 골목을 지날 때마다 그 커피숍을 보면서 누가 갈까?

하는 생각을 하곤 했습니다.

저녁시간에 다들 가게 안에 빈자리가 있는지 찾기 바쁜데

그 커피숍은 한산한 것을 보며 더욱 그 존재의 이유가 궁금했습니다.

하지만 낮 시간대에 바라본 커피숍은 완전히 달랐습니다.

그곳은 시장 상인들의 만남의 장소이자 휴식 공간이었습니다.

그 커피숍은 인터넷을 하며 시간을 보내는 젊은 세대가 아니라

시장 상인들이 주요 고객이었습니다.

저녁에 잠깐 들러서 회식하는 사람의 관점에서는

시장 안 커피숍의 시장성을 보지 못했던 것입니다.

식사를 하기 위해 식당을 찾는 고객으로 인식했지

식당을 운영하는 분들 또한 고객이 될 수 있다는 것을 보지 못했습니다.

시장 내 상인들을 대상으로 하는 시장이 새롭게 창출될 수 있고,

운영될 수 있는 기회를 보기 위해서는

관점을 다양하게 이동하며

여러 입장이 되어보는 것이 필요합니다.

백화점 내 수선집

시장 골목 상인들이 많이 찾는 커피숍의 사례를 살펴보았는데요,
이번에는 관점을 바꾸어 쇼핑몰 안의 새로운 시장을 생각해보겠습니다.
백화점에서 옷을 샀는데 바지 길이나 소매 길이가 맞지 않으면 수선해줍니다.
30분만 기다리면 나의 기장에 맞추어 수선해주겠다는 말을 들으면
왠지 맞춤복을 입는 듯 뿌듯해지곤 합니다.
백화점에는 보이지 않는 곳에 수선집이 있습니다. 백화점에 입점한 브랜드들이
수선집의 고객입니다. 특히 주말에는 직원들이 고객의 옷을
수선집에 맡기느라 매장 안을 분주히 돌아다니는 모습을 볼 수 있습니다.
백화점에 패션, 뷰티, 식품, 가전제품, 식당 외에도
이렇게 입점한 매장들을 위한 시장이 형성되어 있는 것을 보면,
백화점 밖에서 바라보는 시장과 백화점 안에서 바라보는 시장은
그 형태나 규모, 그리고 업종이 다를 수 있다는 것을 알 수 있습니다.
밖에서 바라보는 프레임에서는 미처 보지 못했던 시장이
그 안에 들어가면 볼 수 있다는 것입니다.
3인칭 시점에서 바라보았던 것을
이제는 1인칭 시점으로 변화시켜야 합니다.

아이를 맡아주는 돌보미 서비스

시장 안에 깊숙이 들어가야 보이는 기회들이 있습니다.

'돌보미 서비스'를 들어보셨나요?

아이 돌보미 서비스를 최근에 알게 되었는데요.

맞벌이 부부가 늘면서 생긴 새로운 서비스입니다.

아이 돌보미 서비스는 시간제와 종일제가 있으며,

그 안에서도 다양한 서비스가 준비되어 있어 필요한 부분을 선택하여

이용할 수 있습니다.

아직 결혼을 안 한 저로서는 이런 시장도 있구나

하면서 신기했었는데요,

아이 돌보미 시장이 점점 커지는 것을 알 수 있었습니다.

학교에서 학원에 데려다주는 것을 책임지고 운영하는 서비스도 생겼습니다.

처음에는 이런 것도 서비스로 가능한가? 의구심이 들었지만 왜 그러한 서비스가

필요한지를 이해하고 나니 고개가 끄덕여졌습니다.

맞벌이 부부에게 필요한 시장을 제가 미처 보지 못한 것이었습니다.

3인칭 시점으로는 결코 이해할 수 없는 서비스이기 때문입니다.

하지만 고객의 입장으로 더 다가가서 바라보면 조금씩 이해할 수 있게 됩니다.

학부모들의 이야기를 들어보면, 친구들이 다 학원에 다니고 있기 때문에

내 아이만 학원에 안 보낼 수 없다고 합니다. 이런 이야기도 일리가 있지만,

학교를 마친 자녀를 부모들이 데리러 가기 어렵기 때문에

학교에서 바로 픽업이 가능한 학원에 보내게 된다는 이야기에

일부 공감할 수 있게 되었죠.

방과 후 픽업이 어려운 부모들은 셔틀버스 운행이 가능한 학원을

우선 고려한다는 사실도 알게 되었습니다. 물론 모두가 그런 것은 아닙니다.

하지만 이렇게 학원 스케줄을 짤 수도 있겠구나 하고 공감했습니다.

미혼이거나 아직 자녀가 없는 부부에게는 보이지 않는 시장일 것입니다.

이 시장을 이해하기 위해서는 맞벌이 부부의 관점으로 바라보아야 합니다.

그렇지 않으면 보이지도 않고 이해하기도 어려운 것이 방과 후 교육 시장입니다.

기존의 관점으로 시장을 바라보면 이해하기 어려운 부분이 있습니다.

하지만

타깃 고객의 입장으로 관점을 바꾸어 바라보면

비로소 그 시장을 이해하게 됩니다.

아이도 택배로 보내는 시대

이처럼 관점을 바꾸었을 때 이해하게 되는 신종 서비스가 또 있습니다.

중국의 춘절은 우리의 설날에 해당하는 명절입니다.

중국에서는 대이동이 시작되는 가장 큰 명절입니다.

이런 춘절 연휴에 눈에 띄는 뉴스가 하나 있었죠.

춘절에 아이를 홀로 택배로 보내는 서비스가 등장했다는 뉴스입니다.

택배라고 해서 상자에 넣어 보내는 것은 아니고, 아이를 혼자 버스에 태워

목적지까지 데려다주는 서비스입니다.

아이를 할아버지, 할머니가 있는 고향으로 보내는 서비스가 등장한 것입니다.

그 넓은 중국 땅에서 부모가 아이를 혼자 버스에 태워 고향으로 보낸다는

뉴스를 보며 놀라움을 금치 못했습니다.

고정된 프레임으로 바라보면 전혀 이해하기 어려운 서비스입니다.

어린아이를 혼자 버스에 태워 보내는 것이 과연 실효성이 있는가 하는

의문이 들면서 희한한 서비스가 등장했구나 싶을 겁니다.

하지만 서비스를 이용하는 고객은

자식과 함께 고향으로 갈 여건이 되지 않는 사람들입니다.

자신은 못 가지만 아이라도

고향에 계신 부모님에게 보내어 명절을 지내게 하려는 것입니다.

그런 마음을 이해하는 순간, 드러나지 않았던 고객의 니즈를 채워주는

서비스가 될 수 있겠다는 생각이 들었습니다. 외부에서는 전혀 이해할 수 없는

서비스이지만 그런 시장의 틈새를 발견한 것은 대단해 보였습니다.
이 역시 3인칭 관점에서 바라보면 찾아내기 어려운 시장입니다.

경제적 여건이 좋지 않은 부모의 입장이 되어 그들의
고민을 해결해주는 이색 신종 서비스가 등장한 것이죠.

저는 이 서비스가 옳다, 그르다를
따지려는 것이 아닙니다. 다만 명절에 고향에 돌아가지 못하는
사람의 눈높이에서 니즈를 발견한 과정에 주목하고 싶습니다.
뉴스를 처음 접했을 때는 무슨 저런 서비스가 다 있지? 하는 관점이었는데,
그럴 수밖에 없는 부모의 마음과 저렇게 아이를 혼자 보내야 하는 서비스가
등장하게 된 배경에 공감하며 왠지 모를 씁쓸함을 느꼈습니다.

그럼에도 부모의 관점에서

니즈를 발견한 것이 대단해 보였습니다.

고객에게 다가가면 비로소 보이는

고객의 숨은 니즈를

채워줄 수 있음을 보여주는 사례입니다.

체험하면 보입니다

고객의 입장에서 생각하기 위해서는 직접 고객이 되어보는 것이 가장
효과적입니다. 실제 고객의 입장이 되어 경험해본다면
더욱 확실한 고객의 니즈를 찾아낼 수 있기 때문입니다.
실제 고객이 되어보는 것, 이것이 가장 직접적이고 1인칭 시점의
마케팅을 실행할 수 있는 방법입니다.

제가 스포츠 브랜드에서 마케팅을 할 때였습니다.
저는 아이스하키 외에는
스포츠에 크게 관심이 없었습니다.
심지어 군대 가면 다 한다는 축구도 시간을 때우는 정도이지
월드컵 경기를 제외하고 크게 열광하는 수준은 아니었습니다.
이런 제가 테니스 브랜드 헤리티지가 있는
엘레쎄ELLESSE에서 마케팅을 맡게 되었습니다.
1990년대 필라FILA와 함께 이탈리안 캐주얼 스포츠웨어로 등장한 엘레쎄는
1990년대 후반부터 2000년대 중반까지 과도기를 거치다 2000년대 후반에
다시금 브랜드의 정체성을 확립하기 위해 노력하게 되었습니다.
엘레쎄는 스키와 테니스에서 특화되어 있는데, 한국에서 브랜드 정체성을
다시 시험하기 위해 노력했던 시기입니다.
스포츠 브랜드이며, 스키와 테니스 종목의 전통 있는 브랜드였기에,

디자인, 영업, 마케팅,

기획부서 직원들은 일주일에 한 번씩 업무 시간을

할애하여 테니스를 배우는 시간을 가졌습니다.

브랜드 구성원들이 테니스를 칠 줄 모르면서 테니스에 특화된 브랜드를

운영한다는 것은 3인칭 시점보다 더 먼 가상의 시나리오를 진행하는 격일 테니까요.

업무 시간에 테니스를 배우러 나가는 것은 회사 내의

다른 브랜드에서 보면 매우 부러운 일이었을 것입니다.

브랜드 직원들은 날이 춥거나 덥거나 1년 내내 정해진 시간에 테니스를 배우며

테니스에 대해 이해하고 브랜드 정체성에 대해

공감하는 시간을 가질 수 있었습니다.

이렇게 브랜드의 정체성과 강점을 이해하면서

직원들의 자세는 바뀌기 시작했습니다.

직원들이 실제 고객이 되어 테니스화와 테니스 의류에서 불편하고

개선해야 할 점들을 찾아내기 시작했습니다.

스포츠 브랜드 마케팅을 3인칭 시점에서 바라보던 입장에서

벗어나서 전문적인 선수의 눈높이에는 미치지 못하더라도

지속적인 체험을 통해 브랜드 고객의 눈높이와 근접하게 맞출 수 있었습니다.

고객을 접하더라도 실제 경험을 바탕으로 고객의 생각과 의견을

끄집어내는 데 유용했고요. 직접 고객이 되기 위해 노력하는 자세가

고객의 시선으로 가치를 찾아내는 방법의 하나였습니다.

셀카봉을 써본 사람만 아는 2개의 옵션

3인칭 관점에서 2인칭 관점으로,

고객의 관점이 아닌 당신이란 관점으로 다가서면

고객의 눈높이로 바라볼 수 있게 됩니다.

여기서 멈추지 말고 고객 자신이 되어보면 보이지 않았던 불편함과

새로운 니즈들이 보이기 시작합니다. 실제 제품을 사용하다 보면

'이 제품은 이게 부족해', '이런 기능은 왜 없을까?' 하는 아쉬움을 느끼게 됩니다.

2014년에 이슈가 되었던 단어의 하나가 '셀피Selfie'입니다.

우리는 흔히 '셀카'라고 표현합니다.

특히 셀카봉은 한국에서 많이 볼 수 있었습니다.

셀카봉은 스마트폰을 길이 조절이 가능한 막대기에 장착하여 여럿이 함께

셀카를 찍을 수 있는 장점 때문에 큰 인기를 끌었습니다.

일행 중 한 사람이 갖고 있으면 편리한 물건이었지 제가 직접 구매할

필요성은 느끼지 못했습니다. 그러다가 어머니와 함께 여행을 가게 되어

저도 하나 구매하기로 마음먹었습니다.

그런데 그때부터 고민이 시작되었습니다.

신형을 사야 하나, 구형을 사야 하나?

구형과 신형의 차이는 뭐지? 등등. 가장 큰 차이는

촬영 버튼이 분리형이냐 일체형이냐 하는 것이었습니다.

기존의 리모컨형은 분실하는 일이 많아서

일체형으로 분실의 우려를 없앤 것이었죠.

실제 사용해본 사람들이 불편함을 느꼈던 리모컨 분실을

일체형으로 보완한 제품이었죠. 물론 여성이 일체형을 쓰기에는 버튼을

누르는 게 불편하다는 의견도 있지만, 사용자의 의견을 반영하여

기존의 분리형에서 진화한 것이 일체형입니다.

이 역시 **직접 고객이 되어 사용해야만**

그 차이와 소중함을 알 수 있는 부분입니다.

실제 써본 사람만 아는,

좀 아는 사람들의 제안으로 제품이 보완된 사례입니다.

애벌빨래 세탁기의 등장

손빨래를 해본 사람이라면 세탁기의 편리함이 더욱 크게 느껴질 것입니다.
손빨래에서 일반 세탁기가 나와 편리함을 주었는데
지금은 드럼세탁기가 대중화되었습니다. 그런데 드럼세탁기도
더욱 진화하고 있습니다. 속옷류와 아기옷 등의 소량 빨래를 위한
미니 드럼세탁기가 등장하기도 했습니다.
최근에는 애벌빨래 기능이 추가된 세탁기도 등장했습니다.
특히 소매와 칼라 부분은 때가 잘 지지 않아
세탁기를 돌리기 전에 따로 애벌빨래를 한 뒤 세탁기에 넣는 경우가 많습니다.
이를 따로 하지 않아도 되도록 세탁기에서 애벌빨래를 해주는 것이죠.
이러한 애벌빨래 기능이 있는 세탁기의 등장은 빨래를
해본 경험에서 나오는 것입니다. 그것도 우리나라에서 손빨래를 해본
경험이 있어야 기획할 수 있는 제품입니다.
고객의 입장에서 니즈를 채워주기 위한 도전으로 여겨집니다.
물론 기존의 세탁 기능만을 필요로 하는 사람에게는 불필요한 기능이
추가된 것으로 인식될 수 있으나, 경험해본 사람의 입장에서
고객의 니즈를 해결하기 위한 제품을 개발해낸 것이죠.

고객에게 최대한 다가가서 **1인칭 입장에서 고객의 불편함을 해결**해주려는
노력이 반영된 제품의 사례입니다.

1인칭이 될 수 없는 1인칭 마케팅

마케팅을 하면서 스스로 고객이 되어보는 것은 매우 중요한 경험입니다.

스스로 고객이 되어 경험해본다면 고객이 필요로 하는 것이 무엇인지,

고객 입장에서 과연 가치 있는 것인지를 직접 확인해볼 수 있기 때문입니다.

하지만 스스로 고객이 될 수 없는 상황도 마주하게 됩니다.

나의 경제 수준으로는 접근하기 어려운 영역의 시장, 그리고 경제력이 뒷받침되어도

스스로 고객이 될 수 없는 시장이 있습니다.

저 또한 직접적으로 고객이 되어 경험을 할 수 없었던 사례가 있습니다.

월급쟁이의 로열티 고객 마케팅

아무리 고객 입장으로 다가선다고 해도

고객과 같은 입장이 될 수 없는 경우가 발생합니다.

1인칭이 되고 싶어도 될 수 없는 상황이 발생하는 것이죠.

과연 그런 일이 어디에 있을까 생각하실 텐데,

의외로 우리 주변에서 쉽게 찾아볼 수 있습니다.

로열티 고객은 큰 수익을 가져다준다고 믿고 있습니다.

우리 스스로도 알게 모르게 일정 브랜드 혹은 소비 채널에 집중하고 있습니다.

하지만 로열티 고객의 소비 경험을 브랜드 마케터가 따라하기란 쉽지 않습니다.

더군다나 유통사에서의 로열티 고객은 1년 동안 구매한 금액이 직장인의 연봉을

능가하는 범위여서 아무리 소비 성향이 높은 마케터라 하더라도

로열티 고객의 입장에서 이해하기란 쉽지 않습니다.

타깃 마케팅에서 좀 더 가치 있는 고객에게 집중하는

마케팅에 관심이 집중되고 있습니다.

로열티 고객, VIP 고객을 대상으로 마케팅 전략을 세우는 것입니다.

브랜드 충성도가 높고, 큰 가치를 제공해주는 고객에게

더 많은 혜택을 주어 더 높은 로열티와

지속적인 구매를 유도하기 위해서입니다.

그런데 마케터들이 실제로 그러한 소비를 해보기 전에는

로열티 고객에게 제공해주어야 하는 가치를 알기란 어렵습니다.

로열티 고객을 대상으로 마케팅을 하기 위해서는

로열티 고객의 삶을 이해해야 합니다.

연간 구매액이 일반 직장인의 연봉 수준인 고객을 대상으로

그들이 만족할 수 있는 서비스를 제공한다는 것은 매우 어려운 일입니다.

실제 유통사의 마케팅실에서 근무할 때 한창 로열티 고객을 대상으로 한

'로열티 마케팅'이 화두였던 적이 있습니다. 로열티 고객이 원하는 것을 알기 위해

고객 인터뷰, FGI Focus Group Interview, 표적집단 면접법 경쟁사 로열티 프로그램 분석 등의

다양한 방법을 통해 고객에게 제공할 서비스를 개발했습니다.

고객에게 여행을 보내주기도 하고, 고객의 생일 혹은

결혼 기념일을 기억하여 꽃과 손글씨 카드를 보내는 등

다양한 시도를 했습니다. 동분서주하며 로열티 고객군의 숨겨진 니즈를 찾기 위해

노력했으나 고객을 만족시키기에는 역부족이었습니다.

마케팅 프로그램과 관련한 예산 편성의 문제를 떠나서 정작 우리가
로열티 고객이 되어본 적이 없었기에 더욱 난감할 수밖에 없었습니다.
아무리 로열티 고객을 만나서 이야기를 들어보아도 어느 정도 수준의 서비스를
제공해야 고객을 감동시킬 수 있는지를 알 수 없었기 때문이죠.
경쟁사에서 진행하는 서비스를 따라하자니
경쟁사의 타깃 고객군과 우리 고객군의 구매 성향이 다르기 때문에
똑같은 서비스를 제공하기가 어려웠습니다. 새로운 것을 만들어 제공하자니
고객이 어떻게 받아들일지 걱정부터 앞섰습니다.
우리 스스로가 로열티 고객이 되어보지 못한 상태에서 진행하는 로열티 마케팅은
고객에게 깊은 감동을 줄 수 없었습니다.

그러한 여건에서 할 수 있는 것은
고객 곁으로 다가가서 고객의 의견을 잘 듣는 것이었습니다.
고객이 만족하거나, 고객이 불편하게 여겼던 요인들을 말이죠.
그런 다음 요인들을 그룹화하여 그 요인들을 채워줄 수 있는 아이디어를
도출하는 형태로 진행했습니다. 물론 지금도 로열티 마케팅은 매우 중요하고
큰 수익을 확보해주는 비결의 하나입니다.
직접 고객이 되어 체험할 수 없을 때
고객 곁에서 고객의 이야기를
잘 듣고 그 속에서 숨은 니즈를 찾는 것이 고객의 입장이
될 수 없는 경우에 사용할 수 있는 1인칭 입장이 되어보는 방법입니다.
관점을 3인칭에서 1인칭으로 좁혀가는 과정에서
질문하기는 매우 유용한 방법입니다.

입어볼 수 없는 속옷 마케팅

로열티 고객을 대상으로 하는 마케팅의 어려운 점은
로열티 마케팅을 기획하고 진행하는 마케터 자체가 그런 소비를
해보지 않았다는 것이었습니다.
소득을 기반으로 한 소비 행태나 경제적인 여건 때문에
로열티 고객 수준을 경험하지 못하는 경우도 있지만,
남성은 구매할 수 없는 여성의 제품을 기획하는 어려움도 있었습니다.

제가 가장 어려우면서도 잊지 못할 경험을 한 것은
여성 패션 란제리 브랜드, 에블린EBLIN에서 마케터로 일할 때였습니다.
여성 속옷은 제가 1인칭의 입장이 될 수 없는 영역이기 때문이었습니다.
그것도 패션 란제리라는 영역에서 마케팅을 하려니
극복할 수 없는 장벽 때문에 큰 어려움을 겪었습니다.
시장 조사부터 고객을 만나 제품에 대한 의견을 듣는 것까지
어느 것 하나 편하게 접근할 수 있는 부분이 없었습니다.
기존의 마케팅 프로그램을 진행하려 해도,
남자 마케터인 제가 철저히 고객이 되기엔 어려웠습니다. 지금 돌이켜보니
제품을 제품으로만 봐야 하는 상황이 더 어렵기도 했던 것 같습니다.
여성 속옷을 마케팅하기 위해 1인칭 관점이 되는 것은
불가능한 일이었죠.

지인들에게 물으려 해도 여성 속옷에 대한 주제를 꺼내기가 어려웠습니다.
남모르는 애환이 있을 수밖에 없었죠.
그래도 마케터로서의 본분이 있기에, 에블린 마케팅 팀에서 여직원들과 함께
신제품 체험단과 고객 평가단을 운영하며
고객이 원하는 제품을 찾아내기 시작했습니다. 고객이 될 수 없다면,

주변의 자원을 활용하여 철저히 고객의 소리를 듣기로 했습니다.

고객이 불편해하는 사항과 원하는 것을 채워주기 위함이었죠.
온라인 바이럴과 경쟁사 조사를 지속적으로 진행하며
패션 란제리 시장을 조금씩 이해할 수 있었습니다.
그리고 한국 시장보다 활발한 일본의 패션 란제리 시장을 조사하면서
직접 란제리 가게를 방문하기도 했습니다. 여성들끼리 오거나 혹은 남녀 커플이
방문하는 일은 있어도, 1층부터 3층까지 매장에 혼자 온 남자는 저밖에 없었습니다.
그나마 일본에서는 이상한 눈초리로 쳐다보는 사람이 없었기에
과감히 도쿄의 란제리 가게를 돌아다니며 란제리의 종류와
고객이 많이 찾는 제품들을 관찰할 수 있었습니다.
여성 패션 란제리 시장은 남자가 접근하기에는 어려운
영역이기에 처음에는 난감했지만 체험단과 고객 평가단의 의견을 들어가며
고객이 원하는 것과 불편해하는 점을 발견할 수 있었습니다.
제가 직접 체험할 수 없는 시장이었지만,
고객과 같은 시야를 가지기 위해

고객의 의견을 잘 듣는다면

고객들은 외면하지 않을 것입니다. 패션 란제리,
에블린의 마케팅은 그렇게 시작되었습니다.
금남의 영역이던 여성 속옷 시장에서
완전히 고개의 입장이 될 수 없는 여건이었지만,
그래도 1인칭에 근접해서 시장을 바라볼 수 있게 되었죠.

고객의 입장을 이해하려면
바라보는 관점을 바꾸어야 합니다.

고객과 같은 입장이 되어서 같은 방향을 바라보게 되면
고객을 마주하던 것과 다른 세상을 볼 수 있게 됩니다.
고객에 대해 우리의 재화, 서비스를 구매하는
3인칭 관점의 고객으로 바라보는 것이 아닌,

나 스스로 고객이 되어 바라보는 1인칭의 관점을 가져야 하는 것이죠.

고객과 동일한 관점으로 1인칭 시점으로 바라보게 되면,
이전에는 보이지 않던 새로운 시장이 보이게 될 것입니다.
직접 고객의 입장이 될 수 없다면 최대한 고객에게 가까이 다가가야 합니다.
고객에게 자주 묻고, 고객의 이야기를 귀담아들으며 고객의 입장을
이해하는 것이죠. 고객에게 한 걸음 더 다가간다는 마음으로
하나씩 이해해가는 것이 중요합니다.

고 객 을 정 의 하 기

3인칭 시점에서 1인칭 시점으로 고객을
바라볼 준비가 되었다면 다음으로 필요한 것은
고객의 입장이 되어서 고객을 제대로 이해하는 것입니다.
고객에게 다가가서 고객과 근접한 위치에서
고객이 바라보는 것을 볼 수 있어야 합니다.
여기에 덧붙여 고객이 어떤 모습을 갖추고 있는지를 충분히 살펴야 합니다.
내가 고객의 입장이 되었다 한들
정작 고객은 전혀 다른 모습 혹은
다른 삶을 지향할 수 있기 때문입니다.
고객의 현재 모습뿐만 아니라
고객이 추구하는 방향, 라이프스타일 등 다양하게 확장할 수 있는
고객의 환경을 이해하고 염두에 두어야 합니다.
고객의 입장이 된다는 것은 고객의 환경을
포함하여 타깃으로 삼은 고객을 제대로 이해한다는 것입니다.

페르소나 만들기

페르소나 Persona 는 원래 고대 그리스 연극에서 배역들이 썼던
'가면'을 가리키는 말입니다.
마케팅에서는 제품·서비스를 제공하기 위해 타깃 고객을 선정하는 데 있어서
다양한 사용자들을 대표하는 가상의 인물을 의미합니다.
이러한 페르소나는 크게 두 가지 프레임으로 마케팅에 적용할 수 있습니다.

기업의 입장에서 브랜드를 의인화하는 것,
그리고 고객을 단순화하는 것입니다.

페르소나의 적용을 통해 자사 브랜드에 생명력을 불어넣어 의인화하는 것입니다.
브랜드가 고객에게 친숙하게 다가가서 긍정적인 이미지를 전달하고
신뢰를 쌓아갈 수 있는 방법입니다.

또한 넓은 범위의 타깃 고객을 페르소나 기법을 통해
1인의 대표적인 모습으로 형상화하여 좀 더 명확한 타깃 고객 콘셉트를 이해하기
위해 이용하고 있습니다.

먼저 **기업·브랜드를 의인화하는 것**을 생각해보겠습니다.

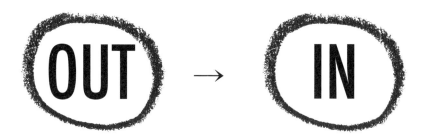

브랜드 외부(고객)에서 바라보는 페르소나의 모습(브랜드 내부)입니다.

밖에서 안을 상상하게 되는 형태입니다.

OUT→IN은 동물원에 비유하면 될 것입니다.

In→Out 은 우리가 생각하는 페르소나입니다.

타깃 고객이나 기타 표적으로 삼은 것의 이상을 실제 세상에 나가기 전에 그려보는 것입니다.

기업·브랜드의 이미지를 구축하기 위한
페르소나는 브랜드를 대표하는 인격체로서 고객과 소통하게 됩니다.
기업의 이미지 컨설턴트로 유명한 데릭 리 암스트롱Derek Lee Armstrong은
자신의 저서 『페르소나 마케팅』에서,
마케팅을 할 때 기업의 이미지를 전달할 수 있는 대표적인
페르소나 유형을 소개하고 있습니다. 브랜드 페르소나 정립을 통해
좀 더 효과적인 고객과의 커뮤니케이션이 가능함을 보여주는 예로서,
소셜미디어에서 활용성이 매우 높습니다. 기업의 페이스북 페이지에서
관리자가 딱딱한 직원의 느낌이 아닌 가상의 페르소나의 프레임으로
고객과 소통하는 것입니다.
고객에게 좀 더 친근하게 다가가기 위해 준비한 콘텐츠를
소개하며 일상을 함께 나누는 것이 수월해집니다.
소셜미디어뿐만 아니라 광고에서도 브랜드 자신의 입장으로 고객과 대화하며
브랜드의 강점을 소개하는 형태를 지닐 수 있기 때문에 많이 이용되고 있습니다.
최근에는 많은 브랜드들이 페르소나를 만들어 고객과 커뮤니케이션하고 있지만
조금 더 거슬러 올라가면 현대백화점의 '로렌Lauren'이
대표적인 예입니다. 로렌이라는 가상의 인물을 만들어
시즌에 대한 이슈와 백화점 행사를 한 번에 해결하도록 했습니다.
단순히 판매 중심의 커뮤니케이션이 아닌, 시즌의 주요 이슈를 로렌과
함께 바라보게 되어 고객에게 좀 더 친숙한 이미지를 줄 수 있었습니다.

페르소나의 두 번째 프레임은 **고객을 단순화하는 것**입니다.

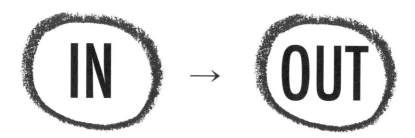

브랜드(IN)에서 고객의 페르소나 정립을 통해 외부의 고객(OUT)에게 메시지를 전달하게 됩니다.
페르소나를 통해 브랜드가 타깃으로 삼은 고객의 모습과 지향성을 알 수 있습니다.

타깃 고객을 하나의 페르소나를 통해

고객의 라이프사이클, 행동 반경, 시장 환경 등을

쉽게 설명해주는 역할을 합니다.

가상 인물의 생활 동선에 맞추어 다양한 마케팅 요인을 적용할 수 있습니다.

우리 브랜드의 대표적인 고객이라 생각하면

좀 더 이해하기 쉬울 것입니다. 타깃 고객을 명시하는 데에 있어서

브랜드들은 유연성을 가지게 됩니다. 최근 브랜드에서는

메인 고객과, 연관 구매 형태로 연계되는 서브 고객으로 나누어

고객군을 그리고 있습니다.

이러한 방법은 광범위하게 고객군을 설정하는 것입니다.

이는 타깃 고객을 명확하게 설명하는 데는 한계가 있습니다.

브랜드에서 마케팅 액션을 할 때

한 명의 확실한 고객을 떠올리며 그에 맞추어 준비한다기보다는

고객군의 특성에 맞추어 그들에게 제공할 것을 준비하게 되기 때문입니다.

경쟁이 심화되고 있는 시장에서 다른 브랜드와 차별화되기 위해서는

페르소나를 활용한 마케팅 전개가 필요합니다.

고객과 소통하는 부분을 예로 들어볼까요?

우리 브랜드를 선호하는 고객이 누구인지 정의한 뒤,

고객의 라이프스타일을 이해하는 과정이 필요합니다.

하나의 브랜드로 풀코디를 하지 않기에, 옷, 신발, 액세서리 등 타깃 고객이

주로 구매하는 브랜드뿐만 아니라 이용하는 쇼핑 채널 등을 고려하여

페르소나를 디테일하게 묘사하는 겁니다.

고객의 동선을 이해한 뒤 그 동선에서
마주치는 것들과 연관성을 찾아 홍보하고
알리는 것 또한 하나의 전략이 될 수 있습니다.
페르소나는 타깃 고객 전체를 대변할 수는 없지만,
브랜드가 가고자 하는 방향에 적합한 고객의 모습을 보여줍니다.
마케팅 액션을 실행할 때 고객에 대한 기준값이 되어
완성도 높은 마케팅 실행이 가능하게 됩니다.
마케팅의 세 가지 요소 중 프레임적인 면에서 고객에게 다가가서 고객의 모습을
제대로 이해하기 위해서는 고객의 관심사와 소비 패턴 등의
소비 행동과 관련한 모습을 관찰해야 합니다.
물론 고객의 모습을 100퍼센트 이해하는 것은 불가능한 일입니다.
하지만 고객의 주변 여건, 환경, 소비 행동 등을 고려하여
고객의 모습을 그려보아야 합니다.

고객의 모습을 구체화하는 페르소나를 만들어보았다면,
이제는 만들어진 페르소나를 바탕으로 마케팅 실행 전략을 수립해볼 차례입니다.
타깃으로 설정한 고객에게 제품·서비스를 알리고자 할 때
프로모션을 진행하는 경우가 많습니다. 고객에게 다가가서 고객의 입장이 되어
이해해본다면 그 프로모션이 과연 고객에게 호소할 수 있는지를 고객의 입장에서
판단해볼 수 있어야 합니다. 최근 CRM Customer Relationship Management 시스템 보급화로
고객 정보를 활용한 마케팅 기법이 보편화되고 있습니다.
기업들이 흔히 하는 프로모션이 있습니다.
멤버십 카드를 발행하여 마일리지 적립을 제공해주는 것입니다.

이 마일리지 적립에 대해서 살펴보겠습니다.

더블 마일리지,
페르소나는 진정 기뻐할까요?

마케팅을 할 때 고객의 모습을 그린 뒤 고객에게 접근할 채널을 활용하여
고객에게 메시지를 전달하게 됩니다. 고객의 다양한 생활 모습을 그린 뒤
고객의 입장에서 매력적인 동인을 제공하기 위해 다양한 시도를 하게 됩니다.
그리고 이 다양한 시도는 대부분 구매를 자극하기 위한 프로모션으로 구성됩니다.
브랜드 마케터에게 세일즈 프로모션은 양날의 검입니다.
세일즈 프로모션을 안 하자니 매출이 걱정되고,
하자니 새로운 프로모션 안이 나오지 않습니다.
고객은 브랜드 파워보다 프로모션 행사에 더 관심을 갖게 되니까요.
또한 마케팅 부서는 돈을 많이 쓰는 부서로 인식되어 있어서
비용 지출 계획을 세우는 데 눈치가 보이는 것이 현실입니다.
근본적으로 마케팅을 통해 얻고자 하는 것은
브랜딩을 통한 고부가가치의 창출이라 할 수 있습니다.
이러한 마케팅의 수익 실현 메커니즘은 매출 실적이라는 문제 앞에서는
우선순위에서 밀리는 경우가 종종 있는 게 현실이죠.
이렇게 타이트한 마케팅 예산 범위 내에서 고객에게 제공할 콘텐츠를 찾아야
한다는 것이 어찌 보면 이 시대 마케터들의 주요 과업이자 애환일 것입니다.
고객에게 어떠한 가치를 제공할 것인가를 항상 고민해야 하는데,
막상 주어진 예산은 한정되어 있기 때문입니다.

이때 가장 쉽게 떠올리는 것이 구매 고객에게 사은품을 증정하는 것입니다.

하지만

고객은 기존의 수많은 프로모션으로 이미 철저히 학습되어 있고,

자신에게 필요하지 않은 것에 대해서는 시간과 비용을 투자하지 않는다는 점을

명심해야 합니다.

한때 사은품 증정이 많았지만

지금은 마일리지 적립을 해주는 곳이 많습니다.

고객 데이터를 확보하게 되면서 포인트(마일리지)를 적립해주는 방법을

주로 사용하게 되었습니다.

특히 특정일에 구매할 경우 혹은 특정 제품을 구매할 경우

제공해주는 '더블 마일리지' 프로모션은,

이를 진행하는 마케터조차 의구심을 가졌던 것입니다.

마케터의 입장에서 무언가 액션을 하기 위해서 어쩔 수 없는

선택이 아닌 합리적인 소비를 하는 고객의 페르소나를

생각해본다면 말이죠. 마일리지를 두 배 적립해준다고 해서

고객이 그 기간에 제품을 구매할지를 생각해본다면 말이죠.

다른 제품과 비교하며 구매 결정을 내리지 못하는 상태에서

구매 금액의 1~3퍼센트 적립이 의사결정에 도움이 될 것인지를 말이죠.

물론 마케터의 입장에서는 지금 무언가 프로모션을 해야 하기에,

그리고 사은품 등을 구매한다고 해도 바로 마케팅 비용을 지급하지 않고

나중에 정산하는 구조이기에 마일리지 적립으로

고객에게 어필하는 것을 선택하게 됩니다.

페르소나로 만든 고객을 바라봐주세요.

더블 마일리지 적립이 고객의 구매 결정을 촉진할 수 있는

강력한 동인이 되는지를 말이죠.

기획하는 마케팅 담당자 자신에게 질문을 던져보면

더 명확한 답을 얻을 수 있을 것입니다.

내가 고객이라면 조금 더 많은 마일리지를 적립해준다고 해서

그 제품을 구매할 만큼

매력적인가를 생각해보아야 합니다. 주어진 여건 내에서 어쩔 수 없이

프로모션의 항목을 채우기 위한 마케팅이 되어서는 안 됩니다.

마케팅의 영역이 브랜드를 운영하는 데 필요한 여러 요인의 하나로서,

단지 운영 및 성장 전략을 짜기 위한 계획표를 채우려는 것은 아닌지

다시 한 번 생각해봐야 할 것입니다.

고객의 입장이 되어 바라보면
고객의 반응을 좀 더 쉽게 예측할 수 있을 것입니다.

고객이 정의하는 브랜드 페르소나

브랜드에서 지향하는 페르소나의 모습은
브랜드를 경험하고 이용하는 고객에 의해 재정립되기도 합니다.
브랜드에서 콘셉트화하여 고객에게 가치를 제공하는 부분이
실제 이용 고객에게는 다르게 인식될 수 있기 때문입니다.

이랜드 차이나의 고급 숙녀복 브랜드 '제롤라모 GEROLAMO'를 들어보셨나요?
2000년대에 국내에 존재했던 제롤라모를 떠올리는 분도 있겠지만,
제가 이야기해드릴 '제롤라모'는 이랜드 차이나 Eland China 브랜드 중에서도
최고가의 숙녀복 브랜드입니다.

제롤라모의 브랜드 콘셉트는 트위드 소재를 주로 활용한
샤넬풍의 브랜드로, 중국의 상류 고객을 겨냥한 이랜드 그룹의 전략적인 숙녀복
브랜드입니다. 제가 처음 브랜드를 맡게 되었을 때
중국의 고가 라인 숙녀복 시장에 대한 지식이
많이 부족하여 상품 기획자에게 많은 정보를 얻으며 경쟁사의
고가 숙녀복 고객군을 중심으로 시장 조사를 시작했습니다.
캐주얼, 스포츠 카테고리의 브랜드가 아니어서
새로 공부하는 마음으로 고급 숙녀복 라인에 대해 배우게 되었죠.
브랜드 직원들 또한 브랜드에 대해 이해는 하지만

정확한 타깃 고객을 정의하지는 못했습니다.

브랜드에서 내세우는 페르소나는 무언가 부족해 보였죠.

마케터 출신의 브랜드 대표로서 제롤라모의

고객이 원하는 방향을 확인하고 새로운 페르소나를 만들고 싶었습니다.

중국의 고소득층 오피스 레이디를 위한 옷.

이런 콘셉트는 제가 이해하는 데에도 다소 부족해 보였습니다.

여성 속옷도 그렇지만 숙녀복도 제가 직접 입어볼 수 없다는 한계가 있었습니다.

역시 제가 직접 고객이 될 수 없다면 고객을 만나는 것이

최선의 안이라 생각했습니다.

일단 중국의 매출 상위 고객들을 만나

제롤라모 제품을 구입하는 고객이 누구인지를 알아보기로 했습니다.

매출 규모가 큰 상하이上海, 난징南京, 원저우溫州, 난창南昌에서

매출 상위 고객을 초청하여 식사를 하면서 이야기를 나누어보았습니다.

고급 식당에서 만난 고객들은 누가 봐도 멋쟁이였습니다.

그들의 생활 수준이나 소비 수준은 상상을 초월할 정도였습니다.

실제 고객들이 인식하는 제롤라모는 고급 숙녀복의 SPA 브랜드라는 것이었습니다.

꾸준히 새로운 제품을 만나볼 수 있는 브랜드, 그들에게는 부담 없는 가격으로

쉽게 구매할 수 있는 제품으로 자리매김하고 있었습니다.

매달 새로운 제품들이 출시되고, 일반적인 브랜드와 달리

고급스러운 디자인과 장식이 그들의 마음을 사로잡은 것이었습니다.

고객들이 코디하는 브랜드들을 분석해서

제롤라모가 채워줄 수 있는 부분들을 중점적으로 개발한 것이

브랜드 성장에 유효했습니다.

제롤라모는 고객을 만나 고객이 인지하고 있는
브랜드 페르소나의 정립을 통해

고객이 좋아하는 제품,
스타일을 개발할 수 있었던 사례입니다.

하지만 더 넓은 개념의 페르소나가 필요한 영역도 있습니다.
다양한 스타일의 제품이 생산되는 SPA
브랜드에서는 고객을 단순히 정의하기가 어렵습니다.
스타일에 관심이 많고,
실용적인 구매를 하는 고객을 한마디로
정의하기란 쉽지 않은 일입니다.

스타일을 제안하는 SPA

대부분의 브랜드는 타깃 고객을
페르소나로 형상화하여 고객에게 접근하려고 합니다.
하지만 SPA Specialty store retailer of Privated label Apparel 브랜드에서는 뚜렷한 고객을
형상화하기에는 무리가 있습니다. 다양한 아이템과 스타일을 판매하는
SPA 시장에서 브랜드별로 페르소나를 규정한다는 것은 큰 의미가 없습니다.
대신 각각의 아이템, 스타일별로 타깃화된 페르소나를 정립할 수 있습니다.
다양한 콘셉트의 카테고리로 구성되어 있기에 브랜드의 페르소나보다는 구성된
섹션별로 고객을 정의할 수 있습니다.
마케터로서 대한민국 최초의 SPA 브랜드인 스파오 론칭을 준비하며
타깃 고객을 정하는 데는 어려움이 있었습니다.
브랜드 콘셉트가 SPA이다 보니 타깃 고객이 너무나
광범위했던 것입니다. 브랜드의 초기 타깃 고객의 방향도

'All generation'이었으니까요.

브랜드 내에서 스타일별로 나누어 타깃 고객을 선정하고,
그에 맞춘 페르소나를 그려보았습니다.
브랜드 안의 브랜드, 기존의 브랜드 방식으로 접근하니
어색한 구조가 형성되었습니다.

타깃 고객을 한 명으로 정의할 수가 없으니

새로운 방법이 필요했습니다.

페르소나를 각각의 스타일로 규정하기보다는

브랜드에서 제공하는 가치를 즐길 수 있는

고객으로 확장하여 생각해보았습니다.

마치 유통회사에서 제안하는 것처럼, 합리적인

소비와 패션을 추구하는 20대의 고객으로 확장하여 적용했습니다.

여성, 남성, 대학생, 직장인에 구애되지 않고

'실용적인 패션 아이템을 지향하는 고객'으로 말입니다.

한 명의 페르소나를 선택하면 마케팅 전략을 구상할 때

좀 더 수월하게 진행할 수 있습니다. 하지만

이렇게 예리하지 않은 대신 **개념적인 페르소나**를 형성해보며

업종마다 각기 다른 페르소나가 필요함을 알 수 있었습니다.

페르소나를 통해 세트 판매 구성

마케터는 항상 매출을 염두에 두고 전략을 수립합니다.

매출에 직접적인 영향을 미치는 객수, 객 단가, 재구매율 등을 고려하여 프로모션을 기획하게 되죠. 매출에 영향을 미치는 이런 요인들 중 목적의식을 가지고 프로모션 프로그램을 준비하는 경우 페르소나는 아주 유용하게 쓰입니다. 브랜드에서 가상의 고객을 형상화했을 때,

실제 준비한 프로모션에 대해

페르소나의 반응을 예상해보는 것입니다.

과연 고객에게 필요한 것인지, 고객을 감동시킬 수 있는지를 말이죠.

이런 면에서 세트 상품들을 다시 살펴보게 됩니다.

많은 상품들이 세트로 구성되어 있습니다.

이중에는 세트로 구입해야 가치가 돋보이는 것도 있지만,

꼭 세트로 구성될 필요가 없는 제품들도 있습니다.

식기나 가구 등은 세트로 구성할 때 더 가치가 돋보이는 제품들입니다.

또한 1+1으로 판매되는 식품, 주방용품의 세트 구성은

가격의 이점을 제공하기 때문에 고객에게 효과적으로 호소할 수 있습니다.

하지만 실용적인 소비에 대해 가치를 두는 고객도 있지만, 비싼 가격을

지불하더라도 디자인이나 소재를 중시하는 고객도 있습니다. 후자에게는 아무리

실용적인 세트 구성의 제품이어도 감동시키기가 어려워집니다.

타깃 고객 주부를 대상으로 하더라도
주부들마다 추구하는 가치가 다르기 때문에
페르소나를 정해서 그 고객의 모습에 맞추어 프로그램을 준비하게 됩니다.

이는 제품뿐만 아니라 여행 상품에서도 찾아볼 수 있습니다.
여행을 하는 고객의 페르소나를 살펴본다면,
과연 고객은 패키지 여행과 자유여행 중에서 어느 것을
더 선호하는지를 살펴볼 필요가 있습니다.
패키지 여행은 편리하다는 장점이 있지만, 불필요한 코스가 많아
자유여행 상품을 택하는 사람이 늘어나는 추세입니다.
여행을 준비하는 고객의 페르소나를 잘 분석한다면
패키지 상품이 아닌 현지에서 필요한 콘텐츠를 제안하여
좀 더 만족스러운 여행 상품을 소개할 수 있을 것입니다.
부모님을 모시고 가는 사람은 비교적 가까운 동남아시아로 가되
자유여행보다는 편리한 패키지 상품을 선호할 것이고,
유럽이나 미주 등으로 가는 젊은 세대는 실용적인 여행을 위해
자유여행 상품을 선호할 것이라는 가정을 세울 수 있습니다.

빨간색 집을 원했는데 흰색 페인트로 칠해준다면

학부 시절 지도교수님의 수업이 기억에 남습니다.
깐깐하기로 유명한 그 교수님의 수업을 피하려고 했지만,
전공필수 과목은 어쩔 수 없이 들어야만 하는 상황이었죠.
교수님은 개강 후 첫 강의 시간에 학생들을 훑어보시며
4학년 학생들은 나가라고 하셨습니다.
취업을 앞둔 4학년은 성적을 잘 줄 것이라는 기대는 하지 말라며,
학점을 쉽게 받을 생각으로 들어왔다면 졸업 못 할 수도 있으니
다른 수업으로 옮기라고 하셨습니다. 실제로 F를 받은 학생이 많았습니다.

그 교수님은 시험지에 빼곡히 답을 채워도 0점을 주기도 했습니다.
"집을 빨간색으로 칠해달라고 했는데 흰색으로 페인트칠을 해놓으면
여러분은 돈을 지불하겠어요?" 교수님의 답변이었습니다.
시험을 칠 때는 출제자의 의도를 알아야 한다는 것을 배운 시간이었습니다.

마케팅 일을 하면서 그 교수님의 가르침을 떠올렸습니다.
고객의 의도를 파악해야만 고객의 지갑을 열 수 있다는 것을 잊지 말아야 합니다.
그렇기에 고객에게 제공하는 가치가 어떻게 받아들여질지를 고민하곤 했습니다.
고객의 입장에서 과연 필요한 부분인지,
고객의 마음을 사로잡을 수 있는지를 미리 생각해보는 것이죠.

고객은 분명히 원하는 색이 있으며,

단순히 페인트칠을 요구하지는 않았다는 것을 말입니다.

집에 페인트칠을 해주었으니 돈을 내라고 한다면 과연 고객이 응해줄까요?

이에 대한 답은 스스로 고객이 되어보면 더 분명해질 것입니다.

내가 원하는 것을 얻지 못했는데도 기꺼이 돈을 지불할 사람은

세상에 흔하지 않을 것입니다.

<u>고객은 합리적인 소비를 추구</u>합니다.

그리고 고객은 만족하지 않은 서비스에 대해 관대하지 않습니다.

고객을 관대하고
마음씨 좋은 사람으로 정의하는 것은 위험합니다.
현실적으로 냉정하게 정의해야 합니다.

고객에 대한 페르소나를 정립하면 타깃 페르소나의 연상을 통해

고객에게 필요한 연관 제품을 연구하는 것이 좀 더 수월해집니다.

고객에게 필요한 제품·서비스를 추가적으로 발견할 수 있기 때문입니다.

고객의 생활 패턴을 고려한 소비를 제안할 수 있게 되는 것이죠.

3인칭 시점이 아닌

고객의 눈높이로 고객이 되어 바라보는
<u>1인칭 시점</u>을 가질 때

고객에게 매력적인 제안을 할 수 있게 됩니다.

하지만 페르소나는 변하게 마련입니다.

타깃 고객을 자주 만나고 그들의 라이프스타일을

파악하는 등 트렌드를 반영하여 마케팅 활동의 이정표가 될 수 있는

페르소나를 개발해야 합니다.

움직임까지 예측한다

1인칭 시점으로 고객의 눈높이로 바라볼 수 있게 되면
새로운 것들이 보이게 됩니다.
그리고 고객이 필요로 하는 것을 찾아 채워줄 수 있게 됩니다.
지금까지 고객의 눈높이를
맞출 수 있는 관점의 이동의 중요성에 대해 이야기했습니다.

3인칭에서 1인칭 시점으로의 이동,
마케팅의 3요소에서 매우 중요한 부분입니다.

하지만 더욱 효과적인 프레임을 갖기 위해서는
고객의 눈높이에 맞춘 1인칭이 된 프레임에 시간의 개념을 장착해야 합니다.
관점의 이동인데 시간을 덧붙인다고요?
시간의 개념을 어떻게 적용해야 할지 난감하시다고요?
심플하게 생각하면 됩니다. 계절이 바뀌듯이,
우리가 고객의 입장에서 발견한 니즈는 고객이 필요로 하는 시점에서
필요한 부분입니다. 고객의 니즈는 늘 똑같을 수도 있지만,
시간의 흐름에 따라 변화하기 때문입니다.

<u>스탁</u> Stock <u>이 아닌 플로</u> Flow <u>관점을 장착하기</u>

고객의 니즈를 바라보는 관점은 정지된 스탁 Stock 개념의 관점이 아닌,
시간과 환경의 변화를 고려한 유연한 흐름 Flow의 개념으로 바라보아야 합니다.

3인칭 시점에서 점차 1인칭 시점으로,

고객의 눈높이에 다가가게 되면 고객의 니즈를 가까이에서 발견할 수 있게 됩니다.

고객이 불편해하는 사항,

그리고 고객의 입장에서 필요한 니즈를 발견하게 됩니다.

이러한 니즈를 발견하여 고객에게 만족할 수 있는 제품·서비스를
제공하면 고객은 만족할까요?

단순히 생각해보면 고객이 필요로 하는 것을

채워주면 더 이상 문제가 없을 것 같습니다.

하지만 이것은 정지된 시점에서 바라보았을 때 적용할 수 있는 것입니다.

우리가 고객의 니즈를 발견하여 그것을 채워주기까지는 시간이 걸립니다.

이를 **스탁**Stock**과 플로**Flow **개념**으로 비교할 수 있습니다.

고객의 니즈는 정지된 상태에서 발견한 것으로 볼 수 있고,

이때 발견한 니즈를 채울 가치를 제공하는 시점은

시간이 흘러 고객의 니즈가 전과 동일하지 않을 수 있습니다.

바로 이 점을 고려해야 합니다. 즉 니즈의 발견 시점과

니즈를 채우기 위해 개발한 가치를 적용하는 시점이 다른 것입니다.

마케터는 이러한 부분까지도 인지해야 합니다.

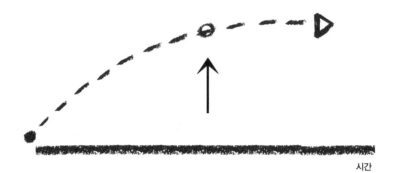

시간

클레이 사격 시 타깃을 맞히기 위해서는 타깃의 출발과 동시에 움직이는 궤적을 파악해야 합니다.
시장을 바라보는 관점 또한 타깃의 변화를 예측하며 바라보는 훈련을 해야 합니다.

클레이 사격을 생각해보면 어떨까요.

타깃이 날아오면 사수는 표적의 동선을 거냥하여 사격을 하게 됩니다.

마케터의 활동도 이와 유사합니다.

표적의 발사 지점이 고객의 니즈를 발견한 시점이라고 한다면,

타깃을 명중시키는 위치가 고객에게 가치를 제공하는 적용 시점이 됩니다.

10년이면 강산이 변한다는 말이 있습니다.

요즘처럼 하루가 다르게 기술이 발전하는 정보화 시대에는

몇 달 사이에도 트렌드가 바뀌고 없던 것이 생겨나기도 합니다.

마케터는 관점을 이렇게 이동 표적을 보듯이 가치를 개발하여

적용할 시기까지 고려해야 합니다.

환경의 변화와 트렌드의 예측이 동반된 프레임을 요구하는 것이니

정말 쉬운 일이 없는 것 같습니다.

카세트 테이프에서 스트리밍 서비스까지

시간의 흐름에 따라 가치가 변하는 것을
생활 주변에서 쉽게 찾아볼 수 있습니다.
빠르게 변화하는 트렌드 속에서도 쉽게 구형이 되어버리는 시대에서
시간의 개념은 프레임의 이동과 함께 꼭 살펴보아야 하는 요소입니다.
음원 시장은 우리가 체감할 수 있을 만큼 변화가 뚜렷한 시장입니다.
카세트 테이프에서

CD로,

MP3로,

그리고 음원 스트리밍 서비스까지 변화하고 있죠.
이러한 변화는 기술의 발전으로 인해 가능하게 되었습니다.

MP3가 나왔을 때 얼마나 감사했던지요.
그리고 스마트폰이 개발되면서 MP3 플레이어를
따로 갖고 다니지 않아도 되었을 때 또 한 번 고마움을 느꼈습니다.
이제는 음원을 스마트폰에 직접 저장하지 않고
스트리밍 서비스를 통해 어디에서든 편리하게 들을 수 있습니다.

이처럼 음원 시장의 환경은 전과 비교할 수 없이 변하고 있습니다.
카세트 테이프의 녹음 방지 부분에 테이프를 붙여서 재사용하던 방법,

소리바다 같은 공유 사이트에서 원하는 MP3 파일을 찾아

컴퓨터에 저장한 뒤, CD 버닝 프로그램을 이용해서

나만의 MP3 파일을 CD에 저장하여 듣던 시절이 있었습니다.

"돈을 내고 음악을 들으라고?"

당시에 무언가 불합리하고

상당히 부담스럽게 느꼈던 것이 사실입니다.

하지만 스마트폰의 보급과 편리한 결제 시스템의 등장으로 음원을 찾아

저장해서 듣는 것보다 검색해서 다양한 음악들을 자신의 취향에 맞게

들을 수 있는 환경이 되었습니다.

이러한 시대에 과거의 프레임을 통해,

발견한 니즈는 대중성과는 거리가 멀어질 것입니다.

트렌드에 대한 이해, 특히

시대의 변화를 인지한 상태에서의 프레임이

매우 중요하게 되었습니다.

온라인·오프라인은 경쟁 채널이 아닌 융합 채널

빠르게 변화하는 정보화 시대, 주요 변화 요인을 인지할 수 있는 관점을 가지면
고객의 행동을 예측할 수 있게 됩니다.
시간의 흐름뿐만 아니라 소비자의 움직임을 예측할 수 있는 것이죠.
특히 인터넷의 보급과 온라인 활동이 증가하면서 온라인,
오프라인에서의 활동은 개별적인 것이 아닌 하나의 활동 내에서 혼재되어 있습니다.
과거 유통 시장은 오프라인 쇼핑,
온라인 쇼핑 채널로 양분되어 별개의 것으로 인식되었습니다.
오프라인 유통 채널에서 마케팅을 할 때,
항상 이슈가 되었던 부분은 동일한 제품들이
온라인 쇼핑 채널에서 판매되고 있는 것이었습니다.
하지만 그때만 해도 아직 그 규모와 사용자가 많지 않았기에
크게 신경 쓰지 않았습니다.
지금은 당연히 온라인 쇼핑 채널의 중요성이 매우 커졌고,
전통적인 유통 채널의 존재가 오히려 위축되는 상황이니
시장의 구도가 크게 변했음을 느낄 수 있습니다.
오프라인에서 마케팅을 하고 상품 기획을 하던 분들이
온라인 쪽으로 이동하는 것을 보면서
'저분이 컴퓨터랑 친했나? 온라인에서 어떻게 일하지?' 하고
생각했던 적이 있습니다. 참 답답한 관점이었죠.

온라인 시장을 큰 프레임으로 보지 못했던 것입니다.

어찌 보면 그만큼 인터넷이 우리 생활에 깊숙이 자리 잡고 있지 않았기에,

온라인 쇼핑에 대한 인식이 낮았던 이유도 있었고요.

지금은 이런 생각을 하는 사람이 없을 것입니다.

이후 유통사에서도 온라인 쇼핑몰을 갖추기 시작했습니다.

유통사별로 온라인 쇼핑 사이트를 개설하여

오프라인과 동일한 제품들을 판매하고 있습니다.

초기에 오프라인 고객을 온라인으로 빼앗긴다는 생각에

온라인 쇼핑 시장이 커지자 경쟁사로 인식하여 촉을 세웠던 적이 있습니다.

쇼핑 환경과 타깃 고객이 겹치지만,

온라인을 이용하는 고객에 대해 제대로 이해하지 못했던 것입니다.

왜 고객들이 온라인 쇼핑을 선호하는지,

그리고 온라인 쇼핑의 장점은 무엇인지를 정확히 파악하지 못했던 부분입니다.

무엇보다 오프라인 마케터들 스스로가 온라인 쇼핑의 고객이

아니었기 때문에 관점이 다를 수밖에 없었습니다.

이렇게 온라인, 오프라인으로 분리되었던 시장이

이제는 하나의 쇼핑 시장으로 인식되고 있습니다.

물론 공급자의 측면에서는 엄연히 메커니즘이 다른 2개의 채널이지만,

고객의 입장에서 바라보면

온라인과 오프라인의 구별이 별로 의미가 없습니다.

인터넷 쇼핑몰에서 살까? 백화점에 가볼까? 아울렛에 가볼까?

온라인 쇼핑몰과 오프라인 쇼핑을 구분하기보다는

일상적으로 온라인과 오프라인을 오고 간다는 것입니다.

물론 목적 구매의 경우 제품의 아이템과 구매 가격에 따라서 달라지기도 하지만,

인터넷 서핑을 하다가, 드라마를 보다가, 매장에서 옷을 보다가 눈에 들어오는

제품이 있으면 구매하는 경우가 많으니까요.

On-Off 채널 믹스가

최근 이슈가 되고 있다고 해도 과언이 아닙니다.

온라인과 오프라인이 혼재된 생활 속에서

각기 채널의 특성을 최적화하기 위함일 텐데요.

오프라인 고객이 온라인으로 향하던 것에서 이제는 온라인 고객을

오프라인으로 향하게 하는

O2O(Online to Offline) 마케팅이

주요 프레임이 되고 있습니다.

온라인 쇼핑이 성장하면서

오프라인에서 온라인으로 시장의 중심이 이동하는 듯했으나,

전통적인 오프라인 시장의 매력이 여전히 존재하고

인터넷과 스마트폰의 발전으로 인해

온라인과 오프라인의 구분이 없는 구매 행동이 일상생활에 자리 잡은 것입니다.

이러한 시대에 온라인,

오프라인에 특화된 프레임으로만 시장을 바라본다면

고객의 니즈를 제대로 찾아내지 못할 것입니다.

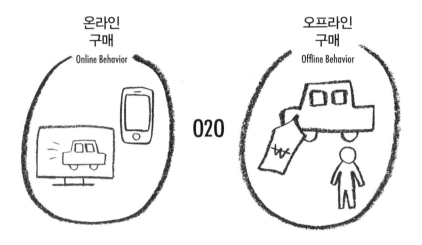

온라인에서 구매 정보를 검색하고 오프라인에서 적용할 수 있는
쿠폰까지 발급받아 오프라인 매장에서 구매하는 사람이 많습니다.
이처럼 온라인과 오프라인 매장은 별개가 아니라 상호 연결되어 있다고 볼 수 있습니다.

O2O 마케팅 프레임은 온라인과 오프라인의 경계가 허물어졌음을 보여줍니다.

간단하게 사례를 들어보면, 온라인에서 검색하여 정보를 얻고,

할인 쿠폰까지 받아 오프라인 매장으로 가서

제품을 구매하는 경우를 생각해볼 수 있습니다.

이뿐만이 아닙니다.

스마트폰의 발달로 스마트폰 앱을 통해서

오프라인 매장 정보를 검색하고, 매장을 방문하기 전에 주문도 가능합니다.

최근에 콜택시를 이용할 수 있는 스마트폰 앱이 나오는 등

오프라인이 더욱 편리해지는 기능을 지원해주고 있습니다.

상하이에서 근무할 때 중국 직원들과 시장 조사를 마치면

식사를 하러 가곤 했습니다. 그때마다 중국 직원들은 스마트폰으로

무언가를 열심히 검색했습니다.

저는 맛집 블로그를 찾는 줄 알았죠. 인근에 어디가 맛있는지,

어떤 가게들이 있는지 찾는 것이라 생각했는데,

식당의 할인 쿠폰을 찾는 것이었습니다.

따종디엔핑大众点评이라는 맛 평가 사이트였죠.

저는 처음에 귀찮게 뭘 이런 걸 하느냐고 물었는데,

쿠폰을 보여주면 정상 가격의 5~10퍼센트를 할인받거나,

음료수를 서비스로 받을 수 있다는 말을 듣고

이런 세상이 있구나 하고 감탄했습니다.

저도 지금은 식당에 가기 전에 스마트폰의 앱을 켠 뒤

제공 혜택이 있는지를 찾아보는 습관이 생겼습니다.

처음에는 단순히 식당이나 메뉴 검색을 하는 것이 전부였지만 어느새 할인 쿠폰이
식당 이용 문화로 자리 잡아가는 것을 경험할 수 있었습니다.
마케터라면 이런 작은 변화까지도 놓치지 말아야 할 것입니다.

익숙해져가는 옴니채널

고객의 입장에서 바라보는 세상은
온라인과 오프라인, 그리고 빠르게 변화하는 트렌드 등
고려해야 할 부분이 매우 많습니다.
그리고 온라인과 오프라인의 장벽이 없어지게 되는 것을
당연하게 받아들이며 예측할 수 있게 됩니다.
특히 소셜미디어의 발달로 인해
온라인과 오프라인의 벽은 더욱 낮아지게 되었습니다.

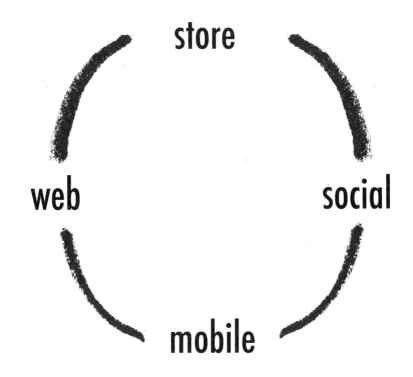

옴니채널은 오프라인과 온라인의 벽이 사라진 형태입니다.
스마트폰의 보급화로 웹에서 정보 검색을 한 뒤 매장을 방문하고 소셜미디어 채널을 통해 소식을 알리게 됩니다.
이러한 정보를 웹으로 공유하고, 이를 접한 사람들이 다시 오프라인 매장을 찾는 흐름이 생기고 있습니다.
우리가 살고 있는 세상은 이미 온라인과 오프라인의 경계가 사라졌다고 할 수 있습니다.

온라인, 오프라인 믹스에서 O2O 마케팅이란 것이 등장했는데,

옴니채널 Omni-Channel 도 온라인, 오프라인 믹스의 조류로 볼 수 있습니다.

옴니채널은 온라인, 오프라인 채널의 융합이라고 볼 수 있는 것이죠.

온라인과 오프라인을 하나의 쇼핑 채널로 바라보는 프레임입니다.

오프라인 매장에서 온라인 쿠폰을 받아 결제하고,

오프라인 매장에서 받은 쿠폰을 온라인 사이트에 등록해서 사용하고,

더군다나 스마트폰의 발전으로 온라인 생활이

손안에서 이루어지니 이동하면서

복합적인 채널을 동시에 사용하게 되는 것입니다.

O2O가 온라인에서 오프라인으로 향하는 프레임이었다면,

옴니채널은 온라인에서 오프라인,

오프라인에서 온라인을 넘나드는 복합적인 교류 채널입니다.

다시 말해 온라인과 오프라인 사이의 채널의

장벽이 허물어진 것으로 이해할 수 있습니다.

따라서 이 시기의 마케팅은 어떠한 콘텐츠들이 온라인,

오프라인 믹스가 가능한지를 예측하고 발견하는 데 집중되어야 할 것입니다.

이미 이러한 채널은 고객의 생활 패턴으로 자리 잡고 있기 때문입니다.

'쇼루밍 Showrooming 족'이란 신조어가 이를 잘 설명해줍니다.

오프라인 매장에서 제품을 살펴본 뒤 온라인 쇼핑몰에서 구입하는 형태입니다.

의류, 가전제품 외에도 다양한 카테고리로 확산되고 있습니다.

백화점에서 제품을 구경하면서 스마트폰으로

가격을 비교해보고, 그중 가장 저렴한 쇼핑몰에서 구매하는 형태입니다.

교보문고의 '바로드림'이라는 서비스 또한

옴니채널의 프레임 안에서 볼 수 있는 형태입니다.

서점에서 책을 직접 살펴보고 스마트폰으로 주문하면 한 시간 뒤에

지정한 서점에서 찾아가는 방식입니다.

결제는 온라인에서, 제품은 오프라인 매장에서 구매하는 것입니다.

게다가 제품에 따라 할인 가격이 적용된

저렴한 가격으로 살 수 있습니다.

온라인과 오프라인의 장점을 모두 즐길 수 있는 서비스입니다.

스마트폰의 대중화로 인해 모바일 중심으로

소비 콘텐츠 시장이 커지는 트렌드에 맞춘 관점이 필요한 부분입니다.

모바일은 특히 온라인의 다른 채널보다 이용 시간이 많고,

접근성이 뛰어나며, 개인에게 최적화되어 있어 효율성이 높기 때문에

이러한 환경의 변화를 인지하고

시장을 바라보아야 할 것입니다.

시간적인 변화에서 더 나아가 **환경의 변화를 1인칭 시점에서 바라볼 필요가 있습니다.**

스마트하게 진화하는 결제 시장

고객의 입장이 되어 시대적 흐름,

트렌드의 변화를 고려해보면 단연코 결제 시장의 변화를 놓칠 수 없을 것입니다.

주로 현금으로 거래하던 시대에서 체크카드로,

신용카드로 그리고

이제는 스마트폰을 통한 모바일 결제까지

매우 빠르게 변화하고 있습니다.

현금
₩

신용카드
credit card

스마트폰
smart phone

현금으로 결제하던 시대에서 신용카드를 사용하는 시대로,
그리고 지금은 스마트폰으로 결제하는 시대가 열리고 있습니다.

한국은 IT 강국으로 스마트폰 보급률이 세계 1위를 자랑하는 나라입니다.

우리에 비해 중국은 아직 후발주자라는 인식이 있습니다.

부모님과 함께 살던 저는 중국에서 근무하면서 처음으로 혼자 살게 되었습니다.

아파트를 얻고, 가스, 수도, 전기료 등을 내는 것도

제가 직접 해야 하는 상황이었습니다.

당시 저의 중국어 실력은 걸음마 수준이었습니다.

처음으로 공과금을 내던 날 걱정부터 앞섰습니다.

그러던 중 알리페이Alipay를 알게 되었습니다.

중국의 대표적인 온라인 쇼핑몰 타오바오Taobao와 티몰Tmall에서 물건을 사기 위해

알리페이에 가입하여 만들었던 것인데,

사이트에서 공과금은 물론 휴대전화 요금 충전도 할 수 있었습니다.

당시 한국 직원들은 휴대전화 요금을 충전하기 위해

편의점에 나가서 충전카드를 사곤 했는데,

휴대전화로 직접 충전하는 방법을 모르고 있었던 것입니다.

물론 당시 중국 직원들도 알리페이에 이러한 기능이 있다는 것을 알았지만

온라인 거래를 신뢰하지 못하던 때였습니다.

불과 4~5년 전만 하더라도 중국인들은

온라인 뱅킹을 잘 이용하지 않고, 은행에서 신용카드도 잘 발행하지 않고 있었으니까요.

하지만 최근에는 서울 명동역에 가면 알리페이 광고를 쉽게 볼 수 있습니다.

미국의 페이팔Paypal과 중국의 알리페이 같은

지불 시스템이 우리의 생활을 바꾸게 될 것임을

뉴스를 통해, 그리고 그러한 지불 시스템을 직접 이용하면서 생각해볼 수 있습니다.

지갑을 선물하며 현금을 넣어주던 문화도

곧 사라질 날이 머지않았습니다.

지갑이 필요 없고 스마트폰으로 결제하는 시대가 올 것입니다.

고객 역시 새로운 니즈를 갖게 됨에 따라 새로운 시장이 형성될 것입니다.

이러한 변화를 예측하고 바라보는 프레임이 필요합니다.

들여다보면 구매 패턴이 보이는 온라인 쇼핑

인터넷을 어디에서나 이용할 수 있고 스마트폰이 대중화되면서
많은 사람들이 온라인으로 쇼핑을 하게 되었습니다.
온라인 쇼핑으로 구매하는 제품이 오프라인과 큰 차이가 없어지면서
궁금증이 생겼습니다. 스마트폰으로 쇼핑을 많이 한다고 하는데,
스마트폰으로 구매하는 경우와 노트북으로 구매하는 경우
차이가 있지 않을까 하는 것이었습니다.
옴니채널의 쇼루밍족을 들여다보면,
온라인과 오프라인의 특징이 분명히 있고 고객은
그러한 차이를 인지하고 현명하게 사용하고 있는 것을 알 수 있습니다.
온라인 쇼핑이 대중화되고 우리의 일상생활에 깊숙이 들어와 있는 지금
온라인 쇼핑을 하는 채널(접속 도구)에 따른 특성 값을 알고 접근하면
더 유효성이 높지 않을까 하는 생각을 하게 되었습니다.
온라인 쇼핑을 스마트폰을 이용한 모바일 쇼핑과 컴퓨터를 통한
쇼핑으로 구분하여 리서치를 해보았습니다.
리서치 결과 구매하는 아이템이 다른 것을 확인할 수 있었습니다.
스마트폰으로 구매하는 제품은 주로 영화 티켓, 소셜커머스에서의 구매 등
가벼운 아이템이 많았고, 컴퓨터를 통한 쇼핑에서는 리뷰가 필요하고
이미지 정보가 많이 필요한 제품을 주로 구매하는 것으로 나타났습니다.
이를 통해서 현재 많은 브랜드들,

특히 쇼핑몰들이 스마트폰으로 동시에 구매할 수 있게

준비했지만 실효성 면에서는 차이가 날 것이라는

가설을 세워볼 수 있습니다.

스마트폰의 액정이 커지면서

스마트폰으로 구매하는 빈도가 늘고 있다고 하지만,

의류, 생활용품, 가전제품 등은

스마트폰보다는 컴퓨터를 통해 리뷰와 이미지를 확인한 뒤

구매하는 패턴을 보이고 있기 때문입니다.

이러한 차이를 알게 되었다면

마케터는 **제품군별로 어느 채널에 집중해야 할지를 정해야** 할 것입니다.

고객의 구매 채널의 변화를 파악하는 것 또한

마케터에게 필요한 프레임의 하나입니다.

J 커브형으로 상승 중인 직구

O2O, 옴니채널 등은

온라인 시장과 오프라인 시장에서의 구매 현상에 대한 신조어입니다.

이렇게 쇼핑 채널의 방식으로 구분되는 것 외에

외국에서 수입하는 구매 형태를 일컫는 신조어가 있습니다.

바로 직구('직접 구매'의 줄임말)입니다.

해외의 쇼핑몰 사이트에서 직접 주문하여 구매하는 것을 말합니다.

현재 직구 소비자들이 빠르게 증가하고 있습니다.

해외 제품에 대한 니즈가 발생함에 따라 국내 소비자 가격이

지나치게 비싼 제품을 직접 구매하는 사람이 날이 갈수록 늘고 있습니다.

해외 직구는 상대적으로 긴 배송 기간, A/S가 어렵다는 단점이 있음에도 불구하고

같은 제품을 저렴하게 구매할 수 있는 가격의 이점이 이를 충분히 상쇄하기 때문에

직구 인구의 증가세가 뚜렷해지고 있습니다.

또한 최근에는 '혼수직구'라는 용어가 생길 정도로

미국, 유럽, 일본의 유명 가전이나 주방용품을 직접 구매하는 것도

트렌드가 되고 있습니다.

해외 직구는 배송비와 관세를 감안해도

가격 경쟁력이 있기 때문입니다.

이러한 직구 소비의 트렌드에 발맞추어

고객의 움직임을 본다면 분명 기회가 보이게 될 것입니다.

고객이 불편해하는 부분,

　　　필요로 하는 요인을 찾아내는 것이 갈수록 마케터에게 요구되고 있습니다.

저녁이 되어야 나타나는 고객들

의류 회사에 근무할 때 '착장조사'라 불리는

스트리트 패션 조사는 필수 코스였습니다.

패션 트렌드에 대한 예측과 현재 타깃 고객들의 감각을 눈으로

직접 확인할 수 있다는 점에서 매우 중요한 고객 관찰 방법입니다.

특히 중국 시장에 대한 관심이 높아지면서 중국 고객들의 패션 트렌드 및

현지 스트리트 패션 조사는 마케터의 필수 업무였습니다.

한국의 디자이너들이 중국으로 출장 와서 백화점이나 쇼핑몰을 돌아다니며

주요 브랜드의 상품들을 눈으로 확인하고 타깃으로 선정한

고객군의 패션을 관찰하곤 합니다.

당시에 한 디자이너가 중국 고객은 아직도 패션 감각이

많이 뒤떨어져 있다고 말하는 것을 들었습니다.

수년째 중국에 오는데 변한 게 없다며,

아직도 패션 감각이 떨어진다고 이야기하는 것을 듣고 적지 않은 충격을

받았습니다. 제가 상하이에서 본 사람들은 절대 패션 감각이 뒤처지지 않았고

한국인과 큰 차이가 없었기 때문입니다.

그 뒤로 상하이의 현지 친구들을 만나면

그들의 패션 스타일을 유심히 보게 되었습니다.

그리고 그들의 패션 유입 경로를 물어보았습니다.

그들은 일본인이나 한국인의 패션을 따라하는 것이 아니라,

유럽의 패션 사이트들과 방송,

그리고 잡지를 보며 한국에 없는

다양한 외국 브랜드들을 접하는 것을 알 수 있었습니다.

패션 감각도 우리 눈에 익숙하지 않아서 그렇게 느끼는 것일 뿐입니다.

패션 코드가 다른 것이죠.

다시 말해 중국에 출장 온 디자이너들은 어찌 보면

코끼리 다리를 만진 것이 아닐까 하는 생각이 들었습니다.

일부를 보고 아직도 중국인의 패션이

촌스럽다고 생각하는 것이 아닐까요.

더구나 출장 온 디자이너들이 시장 조사를 하는 시간은 주로 낮이었습니다.

낮 시간에 오피스레이디의 패션을 관찰한다는 것 자체가

말이 안 된다는 생각이 들었습니다.

타깃 고객을 오피스레이디라 칭하는 제가 담당했던 브랜드의 고객들은

그 시간에 회사에서 일하고 있을 것이기 때문입니다.

낮에 백화점이나 쇼핑몰에 오는 사람들은 주로 관광객일 것이고,

정작 타깃 고객들은 사무실에서 열심히 근무하고 있을 텐데 말입니다.

시장 조사 시간과 장소가 잘못되었던 것입니다.

이후 저는 디자이너들이 출장을 오면,

저녁 시간에 현지인들이 가는 식당이나 쇼핑거리 등을 안내해주었습니다.

그랬더니 패션에 대한 의견이 하나로 수렴되었고,

상하이 사람들의 같은 듯 보이지만 다른 패션 코드에 대해

다시 인식하게 되었습니다.

고객이 움직이는 시간과 동선을 파악하는 것을

간과해서는 안 됩니다.

평일 낮에 명동에서 대학생의 패션 스타일을 조사한다면

과연 의미가 있을까요?

'외국 관광객의 패션 스타일 조사'가 맞는 표현일 것입니다.

타깃 고객이 활동하는 시간에

맞춰야 진짜 고객이 보일 것입니다.

이처럼 어떠한 프레임으로 접근하느냐에 따라 시장 조사 결과가 달라질 것입니다.

올바른 프레임으로 접근해야 고객의 특징을 정확히 파악할 수 있습니다.

동시에 고객의 변화를 관찰할 수 있습니다.

이러한 프레임을 바꾸기 위해서는 가정이 중요합니다.

자신의 경험을 토대로 가설을 세우는 것도 중요하지만,

오히려 그 가설에 갇혀서 중요한 것을 보지 못할 수 있습니다.

따라서 **새로운 시장에 접근하고 관찰할 때에는**

제로베이스에서 접근하는 프레임,

가능성을 열어두고 보이는 것을 관찰하고 기록한 뒤에

그것을 정리하는 귀납적 방법이 정확합니다.

그래야 새로운 트렌드나 변화를 관찰할 수 있습니다.

FVS 마케팅의 첫 번째인 프레임에 대해서 살펴보았습니다.

고객의 입장에서 고객이 필요로 하는 것을 발견하는 것의 중요성과,

그렇게 하려면 어떻게 해야 하는지에 대해 이야기하였습니다.

먼저 고객을 관찰하려면 3인칭 시점이 아닌

1인칭 시점,
즉 자신이 고객이 되어야 한다는 것을 이야기했습니다.

고객을 바라보는 것이 아니라

나 자신이 고객이 되어보는 것입니다. 그러면 프레임이 변하게 되어 보이지 않았던

세상이 보이게 됩니다. 내가 고객이 되면 내가 필요로 하는 것을 찾게 됩니다.

그것이 바로 고객이 필요로 하는 것이 됩니다.

한걸음 더 나아가 고객을 정의하여 고객의 주변을 살피는 것도 살펴보았습니다.

고객이 어떤 모습일지 **페르소나를 만든 다음에 연관된 요인들을 살펴보는 것입니다.**

고객이 주로 활동하는 동선을 그리며 고객에게 필요한 부분들을 찾아내는 것이죠.

고객의 눈높이에 맞춘 다음 고객의 환경을 고려하는 것이죠.

고객의 입장이 되어서 주변 여건까지 살피게 되면 더 많은 것을 볼 수 있게 됩니다.

고객이 활동하는 환경까지 고려하면

기존의 관점에서 보지 못하던 것을 볼 수 있게 됩니다.

마지막으로 시간의 흐름을 반영하는 프레임을 소개했습니다.

고객의 니즈를 바라본 시점은 스탁 Stock의 개념에서 본 것이고,

니즈를 채워주기 위해서는 시간과 환경의 변화를 고려해야 합니다.

이를 더욱 확장하여 플로 Flow 개념을 적용하는 것입니다.

고객의 니즈를 정지된 상태에서

바라보지 않고 **고객의 움직임까지 예측**하는 것입니다.

인터넷 기술이 급속도로 발전하고

스마트폰의 보급과 함께 생활 패턴이 빠르게 변화하는 상황에서

고객이 원하는 것을 찾아낸다고 해도

그것을 채워줄 가치가 고객에게 제공되는 시점은 더 늦을 수밖에 없습니다.

이런 시간차 때문에 고객에게 제공되는 시점의 만족도와

고객의 니즈를 발견한 시점에서의 고객 만족도는 다를 것입니다.

그만큼 트렌드가 빨리 변화하고 고객의 니즈

또한 정체되지 않고 변화하기 때문입니다.

고객의 입장이 되어 고객이 필요로 하는 부분,

고객의 숨은 니즈까지 발견하여

먼저 제시하려면 바라보는 관점이 중요하다는 것을 알아보았습니다.

고객을 관찰하는 프레임이
FVS 마케팅에서 가장 첫 번째에 나오는 이유입니다.

2
Value

Marketing

=

Frame

+

Value

+

Story

FVS 마케팅의 두 번째 요소인 가치 Value 에서는
고객의 핵심 니즈를 발견하는 것에 대해 이야기할 것입니다.
가치는 고객이 제품·서비스를 구매하는 이유,
즉 브랜드가 존재하는 이유입니다.
핵심 니즈를 이해하려면 시장 환경의 변화를 고려해야 합니다.
먼저 온라인 기반의 소셜 플랫폼입니다.
온라인으로 다수가 소통할 수 있고,
참여할 수 있게 됨에 따라 온라인의 플랫폼은
새로운 가치를 창출하게 됩니다.
가치를 제공할 수 있는 플랫폼을 이해한다면
온라인 시대의 다양한 고객의 니즈를
폭넓게 채워줄 수 있을 것입니다.

고객의 핵심 니즈를 채워줄 수 있는
가치를 창출하면 고객은 그 가치를 선택하게 됩니다.

고객이 그 가치를
선택하느냐 안 하느냐는 고객의 몫입니다.
그리고 그 판단 기준은 고객이 가치를 선택하는 데 따르는
기회비용이라 할 수 있습니다.
새로운 가치를 선택하게 되면 마땅히 포기하는 가치가 있게 마련입니다.
이렇게 창출되는 가치는 반드시 그에 견줄 만한
가치를 고려하여 설명할 수 있어야 합니다.

무조건적으로 고객을 만족시킬 수 있는 가치가 아니라,

고객이 다른 것을 포기하고

선택할 수 있는 가치여야 한다는 것입니다.

또한 가치 Value는 **시간의 흐름에 따른 트렌드의 변화에 의해 달라지게** 됩니다.

지속적으로 고객을 만족시키기 위해서는 가치 또한 변화되어야 합니다.

시대의 흐름에 맞추어 변화되어야 하는 것이죠.

FVS 마케팅에서 덜 중요한 부분은 없습니다.

고객에게 제공되는 가치는 고객이 제품·서비스를 구매하게 되는 이유입니다.

더 나아가 브랜드가 시장에서 존재할 수 있는 이유가 됩니다.

고객에게 만족스러운 가치를 만드는 것이

마케팅의 가장 중심이라 할 수 있습니다.

FVS 마케팅 중에서 다른 두 가지 요인보다 더 중요하냐고요?

물론 3개의 파트가 다 중요하지만,

가치는 고객이 선택해야 하는

이유를 제공해준다는 면에서 가장 중요한 부분입니다.

마케팅을 통해 궁극적으로 고객에게

전달하고자 하는 것은 고객이 감동할 수 있는 가치입니다.

마케팅을 계획하고 진행하는 최종 목표는 바로 가치 창출이니까요.

고객이 구매하는것은 결국 그 제품·서비스의 가치라는 것을

반드시 인지해야 합니다.

고객에게 제공하는 제품·서비스는 고객에게 가치 있는 것이어야 합니다.

당연한 말을 자꾸 강조하는 이유는 그만큼 중요하기 때문입니다.

그리고 잊으면 안 되기 때문에 반복하여 강조하는 것입니다.

이를 공식으로 표현하면 아래와 같습니다.

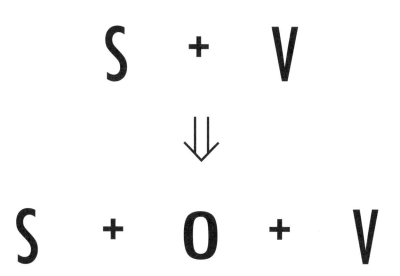

기존의 마케팅이 '고객이 사다'라는 주어+동사의 형태였다면,
FVS 마케팅은 고객이 무엇을 사는지 목적어가 있어야 합니다.
즉 '고객이 가치를 사다'와 같이 주어+목적어+동사 형태가 됩니다.
목적어는 고객이 사야 하는 이유가 되는 것입니다.

2형식에서 3형식으로

기존의 마케팅은 2형식이라 볼 수 있습니다.
머리가 아파오죠? 2형식은 주어와 동사로 이루어집니다.

S+V
기억 나시죠?

"고객이 사다"로 표현해보겠습니다.
감이 오시나요? "고객이 사는 것이 마케팅이다."
마케팅은 시장과 고객의 구매 활동과 연관된 것이니 고객이 사는 활동 맞네요.
하지만 고객이 사는 행동은 2형식으로, 아직은 부족한 부분이 있습니다.

지금까지 고객이 구매하는 행위에만 초점을 맞추었다면
이제는 고객이 무엇을 사는지에
초점을 맞추어야 합니다. 목적어가 있어야 하는 3형식인 것입니다.
문장의 3형식. 'S+O+V' 형태로 말입니다.
이제 마케팅을 3형식으로 바꾸면

"고객이 가치를 사다"로 표현할 수 있습니다.

고객이 구매 활동을 벌이는 것이
단순히 제품이나 서비스를 구매하는 것을 넘어서
가치를 구매하는 것임을 잊지 말아야 합니다.
마케터는 고객이 구매하는 것은 제품이나 서비스의
가치라는 것을 인지하고,
고객이 느끼는 가치를 개발하기 위해 노력해야 할 것입니다.
이제부터는 고객이 느끼는 핵심 가치를 알아보고,
가치를 제공해주기 위한 방법을 살펴보겠습니다.

고객의 핵심 니즈 찾기

고객의 니즈를 채우기 위해서는 고객이 원하는 핵심 가치를 발견해야 합니다.

당연한 말입니다.

하지만 고객은 자신이 원하는
핵심 가치를 표현하는 데 익숙하지 않습니다.
때로는 고객 자신조차 핵심 가치를 인지하지 못한 채
제품을 사용하는 경우도 있습니다.
마케터가 갖추어야 할 역량의 하나는

바로 **고객의 마음속에
자리 잡고 있는 가치를 발견하는 것**입니다.

고객이 구매한 제품이나 서비스에
어떤 가치가 들어 있는지를 파악해야 합니다.

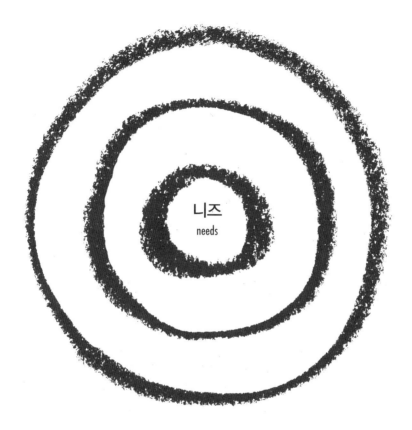

니즈
needs

고객의 마음속 깊이 자리하고 있는 니즈는 겉에서 쉽게 볼 수 없습니다.
마케팅은 이 숨겨진 고객의 니즈를 찾아내는 것입니다.

옷을 사는 것을 생각해볼까요?

옷은 우리 몸을 보호해주는 기능도 있지만

자신의 개성을 표현하는 수단이기도 합니다.

하지만 여기에서 한 단계 더 들어가 보겠습니다.

옷에는 다양한 브랜드가 있고 가격도 천차만별입니다.

단순히 옷의 기능과 역할만 이해한다면,

또는 가격 대비 효율로만 평가한다면,

값비싼 브랜드를 구매하는 행동을 이해하기 어렵습니다.

하지만 고객이 옷을 구매하여 입는 행위에 그 이상의 가치가 있다면요?

옷을 구입하고 입고 표현하는 행위에 다른 가치가 존재한다면요?

마케터는 이렇게 보이지 않는 과정과 행위에도 관심을 가져야 합니다.

고객이 제품을 구매하는 행위 자체에 가치를 둘 수도 있고,

구매한 제품의 기능적인 부분 외에

다른 가치를 부여할 수 있기 때문입니다.

나를 선택해야 하는 이유 만들기

연인이 서로를 좋아하는 이유는 무엇일까요?

아마 이렇게 대답하지 않을까요?

"난 네가 좋아. 왜? 그냥 너라서."

네, 맞습니다.

누군가를 이유 없이 좋아하게 되고,

마음이 온통 그 사람을 향하게 됩니다.

비단 사람과의 관계뿐만 아니라

우리가 이용하는 제품이나 서비스 역시 이와 같은 관계가 형성됩니다.

소비 문화에 팬덤 현상까지 언급되는 것을 보면 잘 알 수 있습니다.

여기에서 질문 하나 드리고 싶습니다.

처음부터 아무 이유 없이

그 사람에게 마음이 끌렸을까요?

그녀의 외모, 목소리, 향수……

하나 혹은 복합적인 요인에 의해 나의 시선이 그 사람에게 꽂히게 된 것입니다.

우리가 생활 속에서 만나는 제품이나 서비스 역시 초기의 과정은 이와 비슷합니다.

하지만 이후 지속적으로 인연을 맺기 위해서는

관계를 유지하기 위해 꾸준히 노력해야 합니다.

내가 너를 좋아하는 이유?

네, 있습니다.

예뻐서, 착해서…… 등등.

내가 이 제품을 구매해야 하는 이유?

네, 있습니다. 성능이 좋아서, 디자인이 예뻐서 등등.

이와 같은 이유를 기획 단계에서부터 냉정히 판단해야 합니다.

시장에서 제품을 개발할 때 기본적인 시장 환경 분석,

경쟁사 분석, 고객 분석 등을 통해

자사가 준비 중인 사업·제품의 시장성을 검토하게 됩니다.

그리고 왜 우리의 제품·서비스를 이용해야 하는지 그 이유를 준비하게 됩니다.

그것이 첨단 기술이든, 세련된 디자인이든, 직원의 감동적인 서비스든

고객이 우리와 관계를 맺어야 하는 이유를 준비해야 합니다.

자사의 브랜드를 객관적으로 평가하는 데는 한계가 있습니다.

팔은 안으로 굽는다는 말이 있습니다.

브랜드의 내부 환경, 직원들의 여건과 상태를

잘 알기에 부족한 부분.

다소 그릇된 방향이 있어도 한 번쯤 넘어가게 되는 것이죠.

어쩔 수 없는 상황이라는 핑계로 객관적인 이유를 점점 놓치게 됩니다.

이렇게 익숙해지다 보면 어느 순간 고객이

왜 우리의 제품을 구매해야 하는지를 구체적으로 알지 못하게 됩니다.

고객이 왜 우리 제품에 열광해야 하는지

'이유를 만들어야' 하는 과정이 생기는 것입니다.

예전에 제가 다니던 회사에서는

매년 **이유 만들기**라는 주제로 워크숍을 진행했습니다.

유통 회사의 지점장, 본부장급 이상의 부서장들이 모여

고객이 우리의 제품·서비스를 이용해야 하는 이유를 제시하는 것입니다.

빠르게 변화하는 시대, 치열한 경쟁의 시대가 되면서

경쟁사도 금세 우리와 동일한

제품·서비스를 내놓기 때문에

지속적으로 새로운 이유를 발굴하는 시간을 가졌습니다.

그렇게 경영자 선에서 진행하던 프로그램의 제목도 '이유 만들기'였습니다.

직설적이지만 가장 적합한 표현입니다.

고객이 우리를 찾아와야 하는 이유를

경영 계획 수립과 별개로 개발해내는 것입니다.

고객이 우리의 제품·서비스를 구매해야 하는 이유는,

고객이 원하는 것을 제공함으로써

고객에게 감동을 주기 때문이어야 하겠죠.

이렇게 고객에게 감동을 주려면

새로운 제품을 기획해서 제공하는 방법도 있지만,

대개 고객의 불만을 해결하면서 그 가치를 제공할 수 있어야 합니다.

카페에서 발생하는 각기 다른 가치

우리가 카페를 찾는 이유는 무엇일까요?

이에 대한 대답이 카페가 주는 가치를 설명한다고 할 수 있습니다.

우리가 카페에 가는 이유는 커피나 차를 마시기 위해서입니다.

하지만 가치는 점차 변화하게 되죠. 커피를 마시면서 업무를 보기도 하고,

만남의 장소나 이야기를 나누는 공간으로서의 가치를 누리기도 합니다.

최근에는 건강에 대한 관심이 높아지면서

건강음료를 추구하는 가치가 발생했습니다.

이처럼 카페를 방문하는 이유,

즉 가치는 단순히 커피나 차를 마시는 것에서 확장되고 다양해지고 있습니다.

맛으로 진검승부를 펼친 대만의 85도씨

가격 < 맛(제한된 가격)

가격

맛

대만의 85도씨 카페는 가격도 저렴하지만 그 맛으로도 유명합니다.
단순히 저렴한 가격으로 고객에게 어필하는 것이 아니라,
그 중심에는 맛있는 빵을 저렴하게 먹을 수 있다는 가치가 있습니다.

대만에 가면 85도씨 커피가 있습니다.

맛있는 커피와 케이크를 제공하는 곳으로

브랜딩되어 있는 85도씨 커피는 상하이에서도 인기가 많습니다.

85도씨가 추구하는 핵심 가치는 스타벅스보다

낮은 가격대로 맛있는 커피를 제공한다는 것입니다.

매장의 고급화, 카페테리아 같은 공간에 대한

비중을 낮추고 가격과 맛에 집중한 것이죠.

스타벅스는 분위기와 공간의 비중이 크다면,

85도씨는 저렴한 가격과 깊은 맛을 강조하고 있습니다.

85도씨 고객이 기대하는 것도 낮은 가격에 비해 맛있는 커피입니다.

제가 처음 85도씨 커피를 맛본 것은 상하이에서였습니다.

상하이로 이사 간 지 한 달도 채 되지 않아 중국어도 잘 할 줄 모르던 때였습니다.

퇴근 후 지하철 역에서 내려 집으로 가는데

유난히 사람이 많은 카페를 보게 되었습니다.

그 카페가 바로 85도씨였습니다.

저는 궁금하면 참지 못하는 성격이라

가게 안으로 들어갔습니다.

상하이 도심에서 볼 수 있는 중국이나 대만,

일본식 빵집보다 20~30퍼센트 저렴한 가격이라 충분히 매력적이었고,

그 맛이 궁금해졌습니다. 물론 빵 냄새만으로도 이미 구매를 결정한 상태였고요.

저는 다른 사람들이 많이 주문하는

나이차(밀크티) 대신 커피를 사서 숙소로 돌아왔습니다.

6.5위안짜리 호두 모카빵은 한 끼 식사로도 손색이 없었습니다.

촉촉하고 쫄깃한 식감과 그 맛은

지금도 종종 생각날 정도입니다.

1000원의 가격대로 그런 훌륭한 맛을 즐길 수 있다는 사실에

감동하기까지 했습니다.

그 후 식품사업부 동료들을 만나면 그 브랜드의

빵과 나이차에 대해 이야기를 하곤 했습니다.

당시 제가 근무하던 회사에도 카페 브랜드가 있었기에

우리 회사에서도 이런 맛을 낼 수 없는지 문의하곤 했습니다.

빵 하나에 감동한 제가 자발적으로 홍보대사가 될 정도였으니,

현지 고객들이 그렇게 줄을 서가며 빵을 사는 것이 절로 이해가 되었습니다.

매장의 인테리어나 안락한 공간을 포기하고 과감하게

저렴한 가격과 맛으로 승부를 건 85도씨의 전략은

단순히 맛있는 빵과 음료를 원하는 고객의 니즈를

제대로 채워주었다고 볼 수 있습니다.

기억하고 싶은 니즈, 셀카 그리고 셀카봉

제품이 존재하는 이유는 고객에게 그만큼 가치를 제공해주기 때문입니다.

저는 새로운 제품을 대할 때마다 그 제품이 존재하는 이유,

즉 제공하는 가치를 생각해보았습니다.

제품이 어떤 니즈를 채워주는지를 생각하며

주위를 둘러보면 사용자들의 핵심 니즈에 대해 이해할 수 있습니다.

스마트폰 시대가 열리면서 연관된 용어 그리고 시장이 창출되었습니다.

스마트폰의 카메라 기능이 점차 발달하면서

셀카라는 용어도 생겼습니다.

우리는 셀프 카메라의 줄임말로 셀카라고 하지만,

영어로는 셀피입니다.

또한 고가의 스마트폰을 보호하는 기능에서 시작한

스마트폰 케이스는 점차 자신의 개성을 표현하는 방법으로 인식되면서,

스마트폰 케이스 시장이 새로이 만들어졌습니다.

그리고 어떤 게 더 있을까요?

배터리를 교환할 수 있는 스마트폰도 있지만

아이폰처럼 배터리가 내장된 스마트폰 사용자들의

니즈를 해결해주기 위한 휴대용 충전 배터리 팩도 등장해서

다양한 디바이스를 함께 충전할 수 있게 되었습니다.

충전 배터리 팩의 디자인과 용량에 따라 다양한 제품이 출시되면서
새로운 시장이 만들어지고 있습니다.

그리고 셀카봉이란 것이 우리에게 나타났습니다.

소셜미디어가 대중화되고,

스마트폰이 널리 보급되면서 스마트폰 앱을 통해 이용하는
SNS 가 일상에 자리 잡게 됨에 따라 프로필 사진이 중요해졌습니다.

자신의 사진을 올리고, SNS에 자신의 소식을 전하면서 셀카의 필요성,
즉 니즈가 발달하게 되었습니다.

제가 처음 셀카봉을 접한 것은 회식 자리에서였습니다.

오랜만에 한자리에 모인 기념으로 사진을 찍으려 하는데,
한 동료가 핸드백에서 꺼낸 것이 바로 셀카봉이었습니다.

레스토랑 직원에게 사진을 찍어달라고 부탁하려던 참이었는데
신기한 물건의 등장에 우리는 웅성거리기 시작했죠.

그리고 쫙~ 늘어나는 셀카봉, 블루투스 기능을 이용하여

리모컨으로 사진을 찍다니!

신기할 따름이었습니다.

그 순간 셀카봉을 들고 있는 그분이
얼리어답터, 디지털 기기의 선구자로 보일 정도였으니까요.

저렇게까지 애쓰면서 찍어야 하나? 하는 생각이 들기도 했지만,
즐거운 순간을 남기고 싶은 니즈를 채워주기에 충분했습니다.

한 손으로 찍는 셀카 사진보다 훨씬 높은 퀄리티의 사진을 간직할 수 있기에

그 필요성에 공감하게 되었습니다.

셀카봉은 소중한 순간을 더 아름답게,
그리고 배경까지 사진에 담고 싶은
핵심 니즈를 채워주는 역할을 하고 있습니다.

그리고 그 사용의 편리성에서도 지속적으로 진화하는 모습을 볼 수 있습니다.
작게는 카메라 사진 촬영 리모컨의 일체형과 분리형의 개발,
그리고 셀카를 위한 장착용 렌즈의 개발 등
사용자의 니즈를 반영한 제품들이 개발되고 있습니다.
셀카봉과 더불어 셀카의 매력에
한번 빠져본 저로서는 다양한 셀카 렌즈가 출시될 때마다
어떤 기능이 새로 추가되었는지 궁금함이 앞서고
한번 사용해보고 싶다는 마음이 듭니다.

셀카봉의 핵심 가치는 **기록하는 순간 과거가 되는 현재를**
아름답게 사진에 담고 싶은 니즈를 채워주는 것입니다.

대륙의 실수, 샤오미

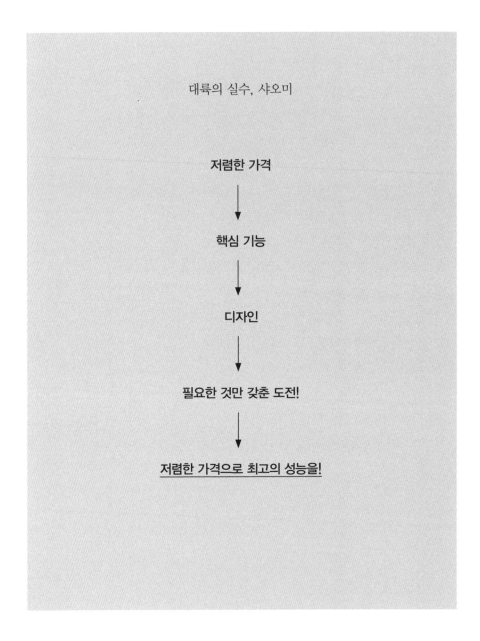

저렴한 가격

↓

핵심 기능

↓

디자인

↓

필요한 것만 갖춘 도전!

↓

<u>저렴한 가격으로 최고의 성능을!</u>

2014년에 중국의 저가 스마트폰 샤오미Xiaomi가

중국 시장에서 삼성전자의 스마트폰 판매량을 앞지르는

샤오미 쇼크가 있었습니다.

안드로이드 기반의 제품이지만

제품을 시장에 노출시키고

홍보하는 전략에서는 애플의 마케팅 기법을 따라하며

카피캣으로 더 유명세를 얻기도 했습니다.

2010년에 설립된 샤오미는

스마트폰을 중국 시장에 내놓은 지 3년 만에

중국 내 스마트폰 시장 판매율 1위,

세계 스마트폰 시장 5위에

오른 기업으로 유명합니다.

실용성

가격

디자인

성능

샤오미의 제품들은 실용성과 효율성을 내세우고 있습니다.
이른바 가성비(가격 대비 성능)를 내세워 중국 시장을 넘어 한국에서도 사랑받고 있습니다.

한국 시장에서는 고객 만족을 넘어 감동을 주는

샤오미의 제품들이 인기를 얻고 있습니다.

'대륙의 실수'라는 역설적인 표현으로 불리며 인기를 얻고 있는 제품들입니다.

한국에는 샤오미가 정식으로 진출하지 않았기에

온라인 쇼핑몰 등을 통해 구매할 수 있습니다.

보조 배터리와 이어폰이 대륙의 실수의 메인 제품이라 할 수 있습니다.

10400mAh의 대용량 충전 배터리를

온라인 쇼핑몰에서 1만 원대에 구매할 수 있다는 것은

매우 놀라운 일이 아닐 수 없습니다.

10400mAh의 경우 무게감이 단점으로 지적되어

곧이어 5000mAh 용량의 보조 배터리를 출시했습니다.

이렇게 샤오미는 고객의 니즈를 빠르게 반영하였습니다.

스마트폰을 사용하는 사람들은

배터리에 대해 민감할 수밖에 없기 때문입니다.

더구나 아이폰 사용자라면 더욱 보조 배터리의 소중함을 느끼기에

샤오미의 대용량 충전 배터리는 매우 인기 있는 제품으로 등극했습니다.

그동안 중국산 제품의 취약점이었던

디자인에서도 부족하다는 느낌이 전혀 없이

제품의 외관 그리고 패키지까지 고객을 만족시킴으로써

중국산 제품에 대한 인식을 바꿔놓고 있습니다.

이뿐만이 아닙니다.

샤오미의 피스톤 이어폰 또한 '대륙의 실수' 라인에 합류하여

많은 인기를 끌고 있습니다.

고급스러운 패키지와

견고한 디자인,

그리고 풍부한 중저음까지,

물론 고급 유명 이어폰에는 미치지 못하지만,
그래도 가격을 고려할 때 샤오미 피스톤 이어폰의 성능은

기대 이상이었습니다.

'대륙의 실수'라는 말이 나올 정도로
가성비(가격 대비 성능)가 뛰어난 제품들이었습니다.
저 또한 위 두 제품을 중국에 있는 지인으로부터 선물받아 체험해보았습니다.
사용 중의 불편함? 글쎄요, 가격을 생각하면 그 불편함은 잊게 되고
오히려 고마움만 기억하게 됩니다.
제품에 대한 만족을 넘어 감동을 주는 샤오미 시리즈는
고객의 핵심 니즈를 제대로 겨냥하고 있습니다.
모든 브랜드가 고객에게 만족을 주기 위해 기획하고 생산되지만,
근래의 샤오미처럼 다양한 제품에서

고객의 핵심적인 니즈를 채워주는 브랜드는 드뭅니다.
샤오미는 실용성과 디자인에 대한 니즈를 동시에 채워주는 제품입니다.

변화하는 니즈

고객의 니즈를 발견하는 것은 가치를 창출하기 위해 가장 중요한 일입니다.
시장경제는 크게 공급과 수요 두 가지의 개념으로 나눌 수 있습니다.

19세기 초 '공급이 수요를 창출한다'라는
<u>세이의 법칙</u> Say's Law이 통하던 시대가 있었습니다.

총공급의 크기가 총수요의 크기를 결정한다는 이론으로서, 경제는 완전고용
상태라는 것을 설명해주는 것이었습니다.
산업혁명 당시에는 공급(생산)을 하면 거의 소비되었습니다.
하지만 공급 관점으로만 해결되지 않던 문제가 있었습니다.
산업혁명이 정점에 이르고 경제 대공황을 맞이하면서
공급자 중심의 경제 이론으로는 명쾌하게 해결되지 않았습니다.
수요 측면에서의 접근이 필요했습니다.
유효수요의 관점에서 **'수요가 공급을 창출한다'**라는 명제로
수요의 중요성을 제기한 것입니다.
수요가 먼저냐, 공급이 먼저냐를 두고 경제학자들이 갑론을박을 벌였죠.
이후 공급과 수요의 조절을 통한 경제성장 전략이 수립되었습니다.
마케팅 시장도 이러한 경제 흐름 속에서 움직이고 있습니다.

크게 3개의 세대로 분류해보겠습니다.

마케팅 시장은 과거 공급자 중심의 구조에서 소비자 중심의 구조로 변화되어왔습니다.
근래에 들어서는 공급자와 소비자 양측이 주도하는 새로운 형태의 시장 구조가 형성되었습니다.
수요가 공급을 창출하기도 하고 공급이 새로운 수요를 창출하기도 하는 것입니다.

첫 번째, **공급자(생산자) 중심의 마케팅 시대**입니다.

과거의 기업들은 생산자 중심에서 제품을 공급하는 것에 큰 비중을 두었습니다.

즉 공급자 중심으로, 고객 중심과는 다소 거리가 있던 시기입니다.

두 번째, 소비자 중심의 마케팅 시대입니다.

필요한 제품들이 이미 시장에 공급된 상태이기 때문에

소비자들의 선택이 중요해진 시기이죠.

즉 수요 중심으로 변화하는 시기입니다.

세 번째, **공급과 수요 모두 중요한 마케팅 시대**입니다.

공급이 수요를 창출하기도 하고,

수요가 공급을 창출하기도 하는 시대가 된 것입니다.

두 번째까지는 고개를 끄덕이다가, 세 번째에서 이게 무슨 말인가 싶을 것입니다.

네, 공급이 수요를 창출하기도 하고, 수요가 공급을 창출하기도 하는

혼재된 시대로 바라보는 것입니다.

첨단기술 시대로 접어들면서

소비자들이 새로운 시장의 변화를 예측하기에는 한계가 있습니다.

인터넷과 스마트폰이 널리 보급되면서 새로운 라이프스타일이

만들어지는 것은 공급이 수요를 창출해내는 것으로 볼 수 있습니다.

반면 기존의 소비 패턴에서 소비자들이 불편해하고

새로운 것에 대한 니즈를 발견하고 채워주는,

수요가 공급을 창출하는 부분도 공존하는 시대인 것이죠.

이렇게 복합적인 시대에 살면서 고객의 니즈를 찾기란 참으로 어려운 일입니다.

어떻게 하면 이리도 복잡한 시대에서 고객이 원하는 니즈,

또 고객이 인지하지 못한

새로운 시장을 창출할 수 있을까요?

인터넷, 모바일 기술 등의 산업적 인프라를

동반한 공급적인 측면에서 니즈를 발견하기보다는

소비자 입장에서 니즈를 발견하는 것,

즉 가치 개발에 대해 살펴보겠습니다.

산업의 변화를 제시하고 보여준다는 것은

너무 큰 그림일 수 있으므로 범위를 좁혀보기로 하겠습니다.

먼저 우리가 일상생활에서 마주치는

고객 니즈를 확인하는 것부터 시작해보겠습니다.

고객의 니즈를 만족시키기 위해

제품·서비스를 개발하고 고객에게 가치를 제공해주는 것은

어느 마케팅 담당자나 인식하고 있는 부분입니다.

하지만 정작 사용하는 고객 입장에서 그것이 만족으로,

만족을 넘어서 감동으로 전해지는 것은 많지 않습니다.

이유는 간단합니다.

고객의 니즈를 정확히 파악하지 못했기 때문입니다.

또는 파악했더라도 전달하는 방법이 잘못되어

고객에게 효과적으로 전달되지 못했기 때문입니다.

그러면 고객의 니즈를 어떻게 발견해야 하는 것일까요?

고객의 니즈를 발견하고,

또 고객에게 제공할 가치를 창출하기 위해

대단히 화려하고 놀랄 만한 시스템이나 도구가 필요한 것은 아닙니다.

철저하게 고객 중심,

'내가 고객이라면'이라는 생각을 가지고
고객이 우리의 제품·서비스를 이용해야만 하는 이유를
제공하기 위해 노력해야 합니다.

셀프 서비스가 주는 다양한 가치

세상에는 많은 편리한 서비스들이 등장하고 있습니다.
그중에서도 셀프 서비스는 공급자 측면에서
비용 절감을 할 수 있는 요인이 되며,
소비자 측면에서는 다양한 니즈를 채워주는 도구가 되기도 합니다.
셀프 서비스가 다양한 가치를 제공하는 것이죠.

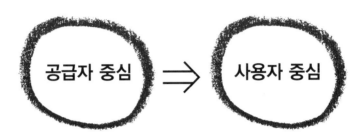

셀프 서비스는 공급자 중심의 서비스에서 사용자 중심의 서비스로 이동하고 있음을 설명해줍니다.
사용자의 편의에 맞춘 것입니다.
공급자 중심의 셀프 서비스가 비용 절감을 주된 목적으로 삼았다면,
앞으로의 셀프 서비스는 사용자의 편익을 위한 서비스 전환을 보여줄 것입니다.

기다림을 극복시켜주는 셀프 체크인

셀프 서비스 하면 식당에 써붙인 '물은 셀프입니다'가 먼저 떠오릅니다.

운전자는 셀프 주유소가 떠오르실 겁니다.

셀프 서비스가 사용자 측면이 아닌 공급자 측면에서 인건비 절감을

통한 효율성 높은 비용 구조를 위함이라 한다면,

이제는 고객, 즉 사용자 입장에서 바라본 가치를 생각해보겠습니다.

사용자 입장에서는 왜 셀프 서비스가 필요한지를 말이죠.

국제공항의 자동출입국 심사 시스템 서비스가 시작되었을 때 저도

여권을 들고 등록센터를 찾아갔던 기억이 납니다.

그렇게 여권 정보와 바이오 정보를 등록하고

난 뒤에도 한동안 자동출입국 심사 시스템을 이용하지 않고

기존의 출입국 심사대를 이용했습니다.

아직은 보편화되지 않았던 시기였죠.

기억을 되살려보면, 여권에 심사 도장을 많이 받아

여권을 나름 화려하게 장식하고 싶은 마음도 있었고,

혼자 뻘쭘하게 자동출입국 심사대를 이용하는 것이

멋쩍어 보였던 탓도 있습니다.

하지만 많은 사람들이 출입국 심사대에 줄을 서 있어

기다리는 시간이 길어지자 자동출입국 심사대로 향하는 용기를 발휘하게 되었죠.

출입국 심사 시간이 짧고, 편리하다는 것을 알게 된 후에는

자연스럽게 자동출입국 심사를 이용하게 되었습니다.

출국장에 들어서서 보안요원에게

여권과 탑승권을 보여주는 과정은 매우 지루합니다.

보안 검색을 마치고 나면 출국 심사를 받게 되는데,

여기서 자동출입국 심사가 힘을 발휘합니다.

지루하게 대기할 필요 없이 짧은 시간 안에 심사를 끝냄으로써

외국에 나가는 기분을 한껏 살려줍니다.

비록 몇 분의 차이에 불과하지만 정량적으로는 시간 절약이라는 관점,

정성적으로는 심사대를 빨리 통과할 수 있다는 만족감을 줍니다.

사용자 입장에서 보면 자동출입국 심사대는

많은 시간을 절약해주는 것은 아니지만,

줄을 서서 기다리는 지루함을 덜어주면서

기다림이라는 것을 극복하게 해주는 시간에 대한 가치를 제공해주었습니다.

셀프 주유소가 상대적으로 저렴한 가격을 지불하는 가치를 제공해준다면,

자동출입국 심사대는

셀프 체크인을 통한 시간의 가치를 제공해준다고 볼 수 있습니다.

가치의 변화, 소유에서 공유로

세상이 변화함에 따라 소비자들의 핵심 니즈도 변화합니다.

그러한 니즈를 채워주기 위해

과거에 없던 서비스가 생겨나기도 합니다.

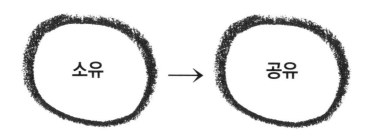

소유가 아닌 함께 사용하는 '공유의 경제'로 시대가 변화하고 있습니다.
필요에 의해 사용하고 사용한 만큼 값을 지불하는 시스템이 구축되고 있습니다.

카셰어링이 그중 하나입니다.

자동차는 구입해서 소유하는 개념이었지만

최근에 카셰어링의 개념이 생겨나고 있습니다.

자동차 10년 타기 운동이 무의미해지는 시대가 되고 있다고 해도

과언이 아닙니다.

차량 구매에서 이제는 차량 리스, 렌트가 보편화되었으며,

더 나아가 카셰어링까지 등장했습니다.

그린카 Green Car와 소카 So Car가 대표적인 예입니다.

스마트폰으로 차를 빌리고 반납할 수 있으며,

필요한 시간만큼, 이동한 거리만큼 비용을 정산하는 것이 카셰어링입니다.

사용자들의 새로운 핵심 니즈를 채워주는 것입니다.

과거 자신이 소유한 차량을 통해

재력이나 사회적 지위를 드러내고자 했던 것과는 다른 현상입니다.

필요한 시간만큼 차량을 이용하려는

실용적인 소비 시장이 형성되고 있는 것입니다.

자동차 키는 절대 빌려주면 안 된다는 말이 무의미해진 시대가 온 것이죠.

차 가격이 비싸지고 유지비 또한 지속적으로 올라가는 시대에

초기 구입 비용 대신 필요할 때 사용하고

지불하는 시장이 형성된 것입니다.

차종 또한 경차부터 대형 차, 수입 차로 다양하고,

대여한 장소에서 반납하지 않아도 되기 때문에 편도만 이용할 수 있는 서비스도

등장하면서 선택의 폭이 넓어지고 있습니다.

이런 카셰어링은 사용자들의 실용적인 니즈,

즉 필요한 시간,

편리한 이동에 대한 니즈를 채워주는 서비스라고 할 수 있습니다.

소유하지 않고 필요할 때에만 사용하는

실용적인 소비는 다양한 영역에서 새로운 서비스를 만들어낼 것으로 보입니다.

5Why를 통한 핵심 니즈 찾기

도요타 자동차의 생산 시스템에서 발달한

5Why 기법을 통해 고객에게 필요한 가치와

제품·서비스를 이용해야 하는 이유를 정리해볼 수 있습니다.

원래는 문제의 원인을 찾는 기법이지만

고객이 우리를 찾아야 하는 이유를 설명해줄 수 있는 좋은 방법입니다.

지속적으로 의문을 제기함으로써 문제의 원인을 찾는 것입니다.

고객이 왜 우리 제품을 이용해야 하는지를 질문하고

답을 해보는 과정을 통해

고객이 원하는 핵심 가치를 발견할 수 있습니다.

고객이 왜 그 서비스를 이용해야 하는지,

고객이 어떤 가치를 중시하는지를 파악해볼 수 있습니다.

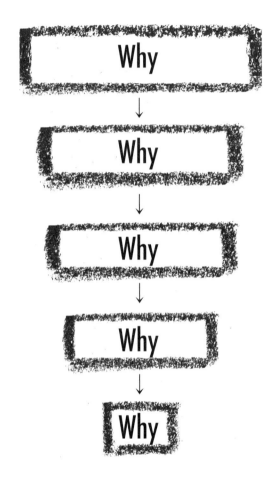

지속적으로 왜(WHY)라는 질문을 통해 근본적인 핵심 가치를 발견할 수 있습니다.
WHY 기법을 통해서 고객의 니즈를 발견할 수 있습니다.

고객이 제품·서비스를 이용하는 이유를 알아보는 데는
5Why의 방법이 유용합니다.

스몰 비어

최근 간단한 안주와 생맥주를 저렴한 가격에 즐길 수 있는 스몰 비어가 인기입니다.
2014년 9월 현재 국내 스몰 비어 브랜드 수는 73개나 된다고 하니 정말 놀라지
않을 수 없습니다. 이름도 비슷하고 콘셉트도 비슷한 스몰 비어.
경쟁 브랜드와의 차별화를 위해 다양한 메뉴와 콘셉트의
변화를 모색하고 있습니다. 최근 급격하게 성장한 스몰 비어를
왜 고객들이 찾는지를 **5Why**를 통해 살펴보겠습니다.

WHY? – 부담스럽지 않다.

WHY? 부담스럽지 않지? – 가격이 저렴하다.

WHY? 가격이 저렴하지? – 간단한 안주와 맥주만 제공한다.

WHY? 간단한 안주와 맥주만 제공하지? – 이미 식사를 하고 나서 찾는 곳이다.

WHY? 식사를 하고 나서 찾지? – 대화를 나누기 위해 찾는다.

위와 같이 계속 질문을 하면서 얻게 된 결론은 무엇일까요.

사람들이 스몰 비어를 찾는 주된 이유는 식사 후

간단히 맥주를 곁들여 대화를 나누기 위해서입니다.

다시 말해 지인과 대화를 나누는 장소로 인식하고 있다는 것입니다.

다양한 안주, 값비싼 술, 근사한 환경이 아닌 단순히 지인과 대화를 나누기 위한

장소로 스몰 비어를 찾고 있습니다.

어찌 보면 낮 시간 카페를 이용하는 목적과 비슷한 개념입니다.

스몰 비어를 이용하는 고객은 다양한 안주,

식사를 겸하는 곳을 기대하기보다는

가볍게 맥주 한잔하며 대화를 나누기 위한 목적이 큽니다.

다시 말해 공간의 가치가 가장 큰 것입니다.

고객이 스몰 비어를 이용하는 근본적인 목적은 대화를 나누는 것이고

거기에 간단히 맥주를 곁들이려는 것으로 정리해볼 수 있습니다.

저렴한 비즈니스 모텔

출장을 다니다 보면 숙박 문제가 주요한 관심사의 하나입니다.

출장비는 정해져 있고, 정해진 예산 안에서 숙소를 정해야 하는 상황에서

아무리 인터넷을 검색해봐도 값싸고 깨끗한 숙소를 찾기란 쉽지 않습니다.

중국에서 브랜드 관리자로 근무하면서 매장 곳곳을 다녀야 하는 상황이었습니다.

국내라면 하루에 다녀올 수 있는 거리지만,

중국은 거리도 거리지만 교통도 불편해 쉽지 않은 여정이 될 수밖에 없습니다.

제가 근무하던 회사는 비용적인 측면에서 매우 엄격하기로 소문난 곳이었습니다.

교통비, 식대, 숙박비 등 중국 현지 직원조차 고개를 저을 정도였으니까요.

물론 그 덕분에 중저가 호텔과 저렴하면서 맛있는 식당을

찾아 다니며 현지화를 제대로 경험해볼 수 있었습니다.

숙소를 검색하다 출장 예산 범위에 있는

가격대이면서도 깔끔한 숙소를 발견했습니다.

모텔 168, 한팅汉庭, 7天 등.

2000년대 초에 등장하기 시작한 이런 숙소들은

인터넷의 보급과 더불어 빠르게 확산되었습니다.

모텔 168은 하루 숙박 요금이 168위안부터 있으며,

모텔 268은 268위안부터 있는 좀 더 고급화된 숙소입니다.

하지만 최근에는 요금이 올라 200~300위안대 가격으로 형성된 숙소입니다.

그 외 한팅과 7天 모두 비슷한 콘셉트의 숙박업소로

온라인 회원 가입을 하면 요금 할인과 예약이 가능합니다.

중국어도 배우고 현지 시스템도 익혀보자는 마음으로

출장 갈 때마다 3개 숙소를 주로 이용해보았습니다.

그 결과 비즈니스 숙소로서 만족스러운 가치를 얻을 수 있었습니다.

특히 가성비로 따지면 제격이었죠.

일본의 도요코인과 비교할 수 있겠는데요,

물론 도요코인의 깔끔함과 디테일에 비하면

부족한 점이 있지만,

중국 땅 어디를 가든 규격화된 서비스를 즐길 수 있다는 것이

매력이었습니다.

그럼 중국의 비즈니스 호텔을 **5Why**에 대입해보겠습니다.

WHY? - 비즈니스 출장에 적합하다.

WHY? 비즈니스 출장에 적합하지? - 가격이 저렴하다.

WHY? 가격이 저렴하지? - 핵심 서비스에 집중한다.

WHY? 핵심 서비스에 집중하지? - 부대시설을 이용하지 않는다.

WHY? 부대시설을 이용하지 않지? - 수면 외 부대시설 사용이 불필요하다.

비즈니스 호텔의 핵심 가치는 잠자는 것입니다.

레스토랑, 피트니스센터 등을 과감히 없애고,

'깔끔한 환경에서 잠을 자는 것'을 주된 가치로 내세운 것입니다.

출장을 다니다 보면 하루 종일 시장 조사와 미팅을 하느라 바쁩니다.

아침 일찍 나가서 밤늦게 숙소에 돌아오면

부대시설을 이용할 수 있는 시간, 마음의 여유,

신체적인 조건이 따르지 않는 경우가 많습니다.

잠을 자는 것이 숙소의 주된 목적이 됩니다.

장기 출장일 경우에는 부대시설과 여건 등을 고려하게 되지만

1~3일 정도의 짧은 출장이라면 잠을 청하는 것이 주된 목적이기에

숙소는 그 핵심 니즈를 채워주면 됩니다.

한국에 들어온 도요코인을 생각해보면 이해하기 쉬울 것입니다.

도요코인은 방이 작고 고급스럽진 않지만,

저렴한 가격의 숙소라는 장점이 있습니다.

가격이 부담스럽지 않고 편하게 잠을 잘 수 있는 장점을 생각한다면,

중국의 저가 비즈니스 호텔은

고객의 핵심 니즈를 정확히 겨냥한 것이라고 하겠습니다.

저렴한 가격의 숙소를 찾는 고객의 니즈를 채워주는 것입니다.

FVS 마케팅에서 두 번째인 가치 Value는

고객이 제품·서비스를 선택하는 이유를 설명해줍니다.

고객이 선택할 수밖에 없는 이유를 제시하기 위해서는

먼저 고객의 핵심 니즈를 파악하는 것이 필요합니다.

고객의 핵심 니즈를 이해해야만

고객에게 깊은 감동을 주는 가치를 제공할 수 있기 때문입니다.

우리가 제품이나 서비스를 이용하는 이유를 유심히 살펴보면

각기 다른 핵심 가치가 존재합니다.

타깃 고객의 핵심 니즈를 파악해서 그 니즈를 채워주는 것이

FVS 마케팅에서 두 번째 요소인 가치입니다.

끊임없이 변화하는 고객의 니즈를 채워줌으로써

고객으로부터 관심과 인기를 얻게 된 사례를 살펴보았습니다.

변화하는 환경과 주어진 여건에서 고객의 니즈는 항상 변합니다.

그리고 그 니즈를 채워주는 데는 대단한 시스템,

또는 전에 없던 획기적인 방법이 필요하지 않습니다.

고객이 필요로 하는 것을 충족시켜줄 때 고객은 감동하고

가치 있는 소비로 인식할 것입니다.

고객 스스로 불편해하거나,

필요로 하는 부분을 정확히 언급할 수도 있지만,

잘 드러나지 않는 경우가 있습니다.

따라서 마케터는 이를 잘 관찰하고 다양한 정황을 살펴 예측해야 합니다.

시장은 이미 **공급자 중심에서 소비자 중심으로 변화**하고 있고,

소유의 경제에서 공유의 경제로 변화하고 있습니다.

고객이 직접 말하지 않아도, 불편함을 호소하지 않아도 문제가 해결된다면
고객은 만족을 넘어 큰 감동을 느낄 것입니다.
앞에서 고객의 핵심 니즈를 찾기 위한 방법으로,
5Why 툴을 통한 핵심 가치를 알아보았습니다.
고객의 입장에서 왜 그 제품·서비스를 이용하는지를 알아야
본질적인 가치를 이해할 수 있습니다.
나를 선택해야 하는 핵심 이유를 찾는 것이 중요합니다.
고객이 그 제품이나 서비스를 선택해야 하는 핵심 이유 말입니다.

가치 플랫폼Value Platform

고객의 핵심 니즈를 찾아 채워줄 수 있는 가치를 개발하는 것이

마케팅의 두 번째 요소인 가치를 창출하는 데 필요하다는 것을 알 수 있었습니다.

고객의 핵심 니즈는 환경의 영향을 받게 됩니다.

우리가 살고 있는 디지털 시대에서는 그 니즈의 요건이 달라질 것입니다.

특히 인터넷으로 전 세계가 연결되고 소셜미디어 채널을 통해

네트워크를 구축하는 시대에

고객의 니즈는 시시각각 달라질 수밖에 없습니다.

스마트폰이 삶의 필수적인 요소가 되었고,

사람들은 새로운 가치를 추구하게 됩니다.

인터넷이라는 세상, 가상의 공간에서 사람들을 만나고

그 안에서 활동하는 시간이 늘어나고 있습니다.

인터넷을 하나의 플랫폼이라 본다면

가상 공간 안에서 추구하게 되는 가치를 생각해볼 수 있는 것이죠.

온라인 세상에서는 보이지 않는 플랫폼이 큰 가치를 제공하게 됩니다.

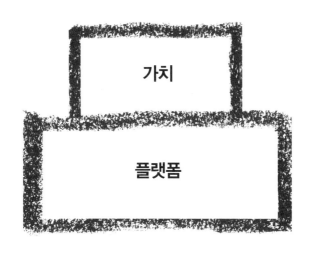

가치

플랫폼

인터넷이 생활의 필수품이 된 지금, 인터넷은 거대한 플랫폼으로 볼 수 있습니다.
이 플랫폼 위에서 제공할 수 있는 가치를 발견해야 합니다.

고객의 니즈를 사용자의 입장에서 바라보고 채워야 합니다.

이렇게 충족된 니즈는 가치로서 포지셔닝되고 고객에게 감동을 주게 됩니다.

지금까지 고객의 눈높이에 맞춰 니즈를 찾는 것을 살펴보았습니다.

고객에게 주는 가치를 생활 속에서 살펴보다 보면

사람들이 지갑만큼 애지중지하는 게 있다는 것을 알게 됩니다.

바로 스마트폰입니다.

스마트폰은 모바일 인터넷 접속을 통해 어디에서든

원하는 정보를 검색할 수 있게 해줍니다.

고객에게 필요한 가치를 발견하고 채워주기 위해서는

우리가 살고 있는 시대가 인터넷 기반의 세상이라는 것을

이해해야 합니다. 그것은 바로 플랫폼 기반의 가치입니다.

아무리 뛰어난 기술과 시스템이 있어도

사용하는 사람이 없다면 아무 의미가 없습니다.

최근 우리에게 편익을 주는 것들은 사용자 플랫폼 기반으로

가치를 제공해주는 유형입니다.

플랫폼에서 사용자가 많을수록 가치가 높아지는 시스템인 것이죠.

이러한 가치 플랫폼은 인터넷 사용이 증가하고,

인터넷이 생활 속에 깊숙이 자리 잡으면서

사용자 기반 또한 넓어지고 그 가치도 점차 증대하고 있습니다.

검색 엔진이 키워준 블로그

국내의 블로그는 많은 정보를 제공해주고 있습니다.
검색 엔진을 통해서 다양한 블로그를 통해 새로운 정보를 접할 수 있습니다.
이런 블로그의 존재는 검색 엔진이 없다면 무의미할 것입니다.
검색 엔진이 존재하고, 그 검색 엔진을 사용하는 사람이 많을수록 블로그의 가치는 높아지는 것입니다.

우리에게 익숙한 블로그를 예로 들어보겠습니다.

자신의 생각을 인터넷 공간에 기록하는 블로그.

자신의 생각과 정보를 다른 사람들과 공유하는 블로그 공간이

발달하게 되었습니다. 구매한 제품, 방문한 식당에 대한 리뷰 등을

자신의 블로그에 남기면, 다른 사람들이

그 블로그를 통해 간접 경험을 하게 됩니다.

인터넷 검색 엔진에 원하는 정보를 입력하면

블로그를 통한 정보가 나오고 그것을 통해서

고객에게 정보가 유입되는 플로가 갖춰집니다.

기업 입장에서는 블로그가 고객과의 접점 채널이 되기에

중요한 도구로 여기게 되었습니다.

블로그라는 플랫폼이 형성되고 블로그를 검색하는 사용자들이 많아지면서

정보를 제공하는 블로그의 가치는 올라가게 됩니다.

온라인 기반의 정보 검색 시대이기에 검색 엔진 플랫폼 기반의 블로그는

많은 사람들이 방문할수록 더 큰 가치를 갖게 되고,

블로그의 정량화 지표라고 볼 수 있는 1일 방문자 수 그리고 검색 엔진에 노출되는

페이지의 수준 등을 가지고 상업화되기 시작했습니다.

블로그를 고객에게 알리는 채널로 생각하는 기업일수록

검색 엔진에 쉽게 노출되기를 바랍니다.

그러다 보니 그 블로거에 웃돈을 지불하는 일까지 벌어지고 있습니다.

최근 '블로거의 갑질'이란 뉴스를 접하게 됩니다.

방문자 수가 많은 일부 블로거들에게 돈을 주면서

블로그 포스팅을 의뢰하는 일이 많다 보니,

이제는 블로거가 가게들을 상대로 힘을 발휘하게 된 것입니다.
검색 엔진을 통해 정보를 얻는 플랫폼이 없다면
상업적 블로거들이 존재할 수 있었을까요?
블로그는 검색 엔진이라는 플랫폼을 통해
정보 획득의 가치를 얻을 수 있게 된 것입니다.

아무리 뛰어난 아이디어도 사용자가 없다면 그 가치를 인정받을 수 없습니다.
플랫폼도 마찬가지입니다. 아무리 뛰어난 플랫폼을 설계한들,
이용자가 없다면 무슨 소용이 있을까요.

**고객 기반이 확보되어 있고, 향후 이용 고객이 증가할 수 있는
플랫폼을 만드는 것이 중요합니다.
플랫폼 내에서 고객이 만족할 수 있는
새로운 가치를 창출해주는 것이 필요한 부분입니다.**

공감으로 성장하는 유튜브

유튜브가 존재할 수 있는 기반은 제작자와 시청자를 연결하는 구조입니다.
누구나 제작자가 될 수 있고 시청자가 될 수 있는 시스템이
유튜브의 보이지 않는 플랫폼입니다.

유튜브의 가치는 동영상을 연결해주는 것입니다.

동영상 제작자와 시청자를 연결해주는 것이죠.

SNS 채널의 하나인 유튜브는

다양한 동영상을 볼 수 있는 플랫폼입니다.

유튜브 역시 인터넷이라는 거대 플랫폼 위에 형성된 동영상 플랫폼으로,

세계 각지에서 제작한 동영상을 찾아볼 수 있습니다.

시청자는 자신이 원하는 영상을

보며 공감할 수 있는 부분을 찾게 됩니다.

상업적인 동영상은 배제되지만,

세계 각국에서 제작한 다양한 영상을 찾아볼 수 있는

유튜브의 가치는 제작자와 시청자를 연결해주는 것입니다.

영상물을 통해 공감이라는 코드를 제공해주는 것입니다.

유튜브에 '좋아요' 표시가 많을수록 시청자들에게 인기가 많다고 할 수 있습니다.

인기 순위가 높은 제작물이 화제가 되기도 하고요.

블로그와 달리,

유튜브 플랫폼 안에서는 인기 있는 영상물을 시청하기 전에

짧은 광고를 내보낼 수 있습니다.

최근에는 저비용으로 자체 비디오 채널을 구축하는 트렌드가 생기고 있습니다.

유튜브는 **동영상 채널을 통해 시청자와 상호작용을 하는 가치**를 갖게 된 것입니다.

앱을 이용한 택시 서비스 우버

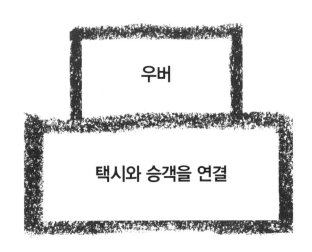

우버는 택시와 승객을 연결하는 플랫폼입니다.
택시 이상의 서비스를 원하는 사용자와 여가 시간이 있는
승용차 주인이 우버의 플랫폼(앱)을 통해서 연결될 수 있습니다.

한국에서는 철수를 선언한 우버.

공유 경제라는 수식어로 표현되었던 우버는

스마트폰 앱을 통해 택시와 승객을 연결해주는 서비스입니다.

콜택시와 유사한 개념이지만

택시 면허가 없는 차량 보유자도

우버의 기사로 등록할 수 있다는 점에서 차이가 납니다.

택시 면허가 없는 사람도 영업활동을 할 수 있어

국내에서는 불법으로 보고 있습니다.

우버는 승객과 기사를 연결해주는 플랫폼을 갖고 있습니다.

차량을 소유한 사람과 택시를 이용하려는 사람을 연결해주는 플랫폼,

그것도 스마트폰 앱만을 갖고 있는 것이죠.

택시를 이용하려는 승객의 입장에서는

시기의 적절성과 합리적인 비용이 가장 큰 매력입니다.

반대로 택시업계에서는 우버가 기사들의 일자리를 위협한다고 보기 때문에

우버에 반발하는 상황입니다.

우버는 무면허 택시이므로 법을 지켜야 한다는 입장인 것이죠.

하지만 사용자의 입장에서는 매우 획기적인 아이디어입니다.

물론 사고나 검증되지 않은 기사의 위험 요인 등 리스크를 고려해야겠지요.

모바일 인터넷 기반으로 차량 공유의 플랫폼을 제시한 우버.

스마트폰 앱이란 플랫폼을 통해
차량 보유자와 승객을 연결하는 가치를 제공해줍니다.

헤드헌팅에서 비즈니스 네트워킹으로 링크드인

최근에는 구직자를 연결해주는 기능을 넘어서 사업 파트너를 찾고
투자를 유치하는 일까지 플랫폼(웹)에서 해결해주고 있습니다.

최근 한국에서도 링크드인Linkedein의 사용자가 늘고 있습니다.

링크드인은 소셜네트워크 중에서도

비즈니스 목적으로 설립된 SNS입니다. 가장 많이 사용되는 기능은 구인 구직이지만,

신규 시장을 개척하고 사업 파트너를 찾는 역할까지 하고 있습니다.

초기에는 구직자 및 이직 희망자와 기업을 연결해주는 역할에 그쳤지만,

지금은 구직·이직 희망자들이 프로필을 작성해놓으면

기업의 인사 담당자 및 헤드헌터가

이를 보고 접촉하여 채용하는 수단으로 확산되었습니다.

헤드헌팅의 주된 채널로서 현재도 많은 헤드헌터들이 링크드인의 프로필을

검색하여 사람을 연결해주고 있습니다.

하지만 링크드인은 헤드헌팅 이상의 힘을 가지고 있습니다.

세계 200개국 1억 명 이상이 가입한 소셜네트워크서비스로서,

특히 전문적인 실력을 가진 인재들이 등록되어 있기에

해외 진출이나 비즈니스 파트너를 찾는 역할도 가능하게 된 것입니다.

더 나아가 최신 트렌드 산업 영역에 대한 인사이트 등

주요 이슈에 대해 다양한 의견을 제시하고 토론하는 공간이 되고 있습니다.

저는 링크드인의 그룹에서 국내외 마케팅 시장의 새로운 시도와 변화를

접하는 채널로 이용하고 있습니다.

온라인상에서 인재에 대한 네트워크를 비즈니스까지 확장시킨

링크드인은 비즈니스 기회, 역량이라는 가치를 제공해주고 있습니다.

소셜 플랫폼이 만든 크라우드 펀딩

크라우드 펀딩은 사업의 아이디어 제공자와 투자자를 연결해주는 플랫폼(웹)입니다.
다수의 투자자가 제안자의 아이디어와 사업성을 보고 투자하는 것입니다.

온라인 기반에서 소셜네트워크가 생성되었고,

이런 소셜네트워크를 기반으로 새로운 플랫폼이 생겨나고 있습니다.

크라우드 펀딩 Crowd Funding 은 그중 하나입니다.

인디고고 Indiegogo, 킥스타터 Kickstarter, 텀블벅 Tumblbug 등이 대표적인

크라우드 펀딩 사이트입니다. 소셜미디어 기반의 매체를 통해서

자금을 모을 수 있는 것이죠. 예술가나 사회활동가들이 창작 활동이나 사회공헌

프로젝트를 소셜미디어 채널에 공개하여 익명의 다수로부터 소액의 투자를 받는

것입니다. 인터넷이 대중화되지 않았다면,

그리고 소셜네트워크 채널이 활성화되지 않았다면

크라우드 펀딩은 존재하지 못했을 겁니다. 소셜네트워크서비스를 통해서 준비한

프로젝트를 소개하기 때문에 '소셜펀딩'이라고도 불리며 전시, 공연, 창업 등의

다양한 영역에서 진행되고 있습니다. 킥스타터라는 플랫폼을 통해

공연, 전시, 음반, 아이디어 제품 등 다양한 시도를 할 수 있는 것이죠.

작지만 창의적이고 새로운 시도와

아이디어를 실행해볼 수 있는 장을 만들어준 것이죠.

자금이 부족한 프로젝트가 아니더라도, 자금 조달에 문제가 없어도

소셜네트워크를 통해 사람들에게 알리고, 또 이용해본 사람들의 생생한 평가와

입소문을 기대하여 진행하는 경우도 있습니다.

자금을 조달하기 위한 방법에서 이제는 아이디어 및 제품의

파일럿 테스트의 장으로 확장된 것입니다.

이처럼 처음에는 프로젝트 아이디어를 게시하여,

불특정 다수로부터 투자금을 모은다는 목적에서 시작했지만

지금은 새로운 시도의 경연장 및 입소문의 발상지로 확장되고 있습니다.

**아이디어와 투자자를 연결해주는 플랫폼 구축으로
문화적, 사회적, 경제적으로 새로운 가치들을 제공**해주고 있습니다.

온라인 시대에 살고 있는 우리는 인터넷을 통해서 새로운 가치를 추구하게 됩니다.
소셜미디어를 통해 세상과 만나고
전 세계 어디든지 연결하여 정보를 습득할 수 있게 되었습니다.
까마득하게 멀게만 느껴지던 것들이 바로 눈앞에,
그리고 지금 당장 만나볼 수 있는 기회가 생기기도 합니다.
또한 온라인과 오프라인이 융합된 세상에 살고 있기에
오프라인에서 필요한 부분을 온라인을 통해 정보를 찾고
이를 연결해주는 플랫폼들이 생성되고 있습니다.
아무리 뛰어난 제품이나 서비스라고 하더라도 그것을 이용해줄 사람이 있어야
의미가 있습니다. 플랫폼 기반으로 사용자가 많아질수록 앞에서
설명한 서비스들은 더 큰 가치를 갖게 됩니다. 세상의 다양한 가치들을
온라인 플랫폼을 통해서 교류하고 공유하는 것, 이것이 앞으로 창출될 방향의 하나입니다.
**곳곳에 흩어져 있는 가치들이 온라인 세상의
가치 플랫폼을 통해 새로운 가치로 창출**되는 것입니다.
온라인 시대에는 특히 보이지 않는
시스템적인 플랫폼을 주의 깊게 바라보아야 합니다.
고객이 온라인으로 활용할 수 있는 콘텐츠와
그로 인해 변화하는 삶에 대해서 항상 고민하고 바라보아야 합니다.

기회비용을 고려한 가치 창출

고객은 새롭게 창출된 가치를 기존의 가치와 비교하여 선택하게 됩니다.

물론 기존에 존재하지 않았던 새로운 가치는 더 큰 만족감을 줍니다.

하지만 우리는 새로운 가치가 등장했을 때

기존의 것과 비교하여 더 나을 경우에만 대체하게 됩니다.

마케터로서 새로운 가치를 창출하려 할 때는

대체하려는 가치를 분명하게 이해해야 합니다.

기존의 고객들은 그 가치에 대해 만족하기에 이용하고 있는 것이기 때문입니다.

물론 만족스럽지 못하더라도 마땅한 대안의 가치를 발견하지 못해서

어쩔 수 없이 이용하는 경우도 있습니다.

현재 고객이 누리고 있는 가치를 이해해야

그와 차별화된 가치를 개발할 수 있습니다.

동일한 범주 내에서 새로운 것을 선택하기 위해서는 기존의 것을 포기해야 합니다.

가치를 선택하는 것도 이와 유사한 관점으로 바라볼 수 있으므로,

여기에 기회비용의 개념을 적용해보았습니다.

우리는 가치에 대해 비용을 지불합니다.

새로운 가치를 선택할 때에는

기존의 가치에 지불하던 비용과 비교해보는 것이 당연합니다.

**기회비용의 개념을 적용해서 기존에 고객이 누리던 가치와
새롭게 창출되는 가치를 비교하는 것이 필요합니다.**

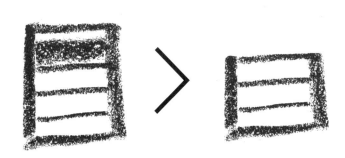

기회비용은 어떤 선택을 할 때 포기해야 하는 다른 기회의 최대 가치를 말합니다.
고객이 선택 시 포기하게 되는 가치를 명확히 인지할 수 있다면,
이것은 경쟁자를 알고 있는 것과 같습니다. 견줄 수 있는 타깃을 보며 전략을 세울 수 있게 되기 때문입니다.

고객의 니즈를 충족시켜줄 가치 있는 제품·서비스를 만들었다고 해서
끝나는 것이 아닙니다.

그 제품이나 서비스를 고객이 선택해주어야 합니다.

그래야 그 제품이 고객에게 어떤 효용이 있는지를 알 수 있으니까요.

우리는 항상 선택의 순간을 맞이하게 됩니다.

아침에 일어날 때도 잠을 더 잘 것인지

아니면 바로 일어날 것인지를 선택해야 하고,

아침을 먹을지 말지를 선택해야 합니다.

이와 마찬가지로 제품을 구입하는 데도 매 순간 선택의 순간을

맞이하고 이중 가장 합리적인 선택을 하려고 합니다.

기회비용은 하나를 선택하면서 포기하게 되는

다른 것의 최대 가치로 설명되는 개념입니다.

작게는 경제적인 부분에서 시작하여

삶의 선택에까지 광범위하게 적용할 수 있는 개념이죠.

고객에게 가치를 제공해주기 위해서는
고객의 핵심 니즈가 무엇인지를 알아야 한다고 했습니다.

그리고 그 가치가 구현될 수 있는 플랫폼을 이해해야 한다는 점도 설명했습니다.

이제는 제공하는 가치를 선택할 때에 포기하게 되는

가치를 비교해보는 것이 필요합니다.

고객의 입장에서 지금까지 만족하던 가치를 포기하고

새롭게 선택할 만큼 가치가 있는지를 확인해보는 것입니다.

말이 필요 없는 주문, 배달 앱

앱 > 전화 주문

요즘에는 배달 앱을 이용하는 것이 매우 익숙해졌습니다.

예전에는 어떻게 음식을 주문했나 생각해봅니다.

물론 지금도 전화로 자장면을 시키고 있지만요.

밤이 되면 어김없이 야식이 생각나고, 만날 먹는 치킨 말고

새로운 것이 없을까 하는 생각에 배달 앱을 켜고 찾게 됩니다.

이제는 익숙하게 사용하는 배달 앱.

이런 배달 앱이 등장하면서

포기해야 했던 것은 무엇일까요?

배달 앱이 등장하기 전에도,

그리고 지금도 여전히

이용하고 있는 전화 주문을 떠올리게 됩니다.

전화 주문과 스마트폰의 배달 앱 사용의

차이를 구분해야겠죠?

우선 전화로 주문하기 위해서는 전화번호를 찾아야 합니다.

그리고 그 흔하던 배달 음식 전단지들이 꼭 필요한 순간에는

잘 안 보이는 희한한 경험을 하게 됩니다.

겨우 찾아서 전화를 걸어 주문을 하면 이번에는

불친절함과 여러 번 설명해야 하는 번거로움이 있습니다.

물론 다 그런 것은 아닙니다.

그뿐인가요?

늦은 밤 야식이 생각나서

어렵게 메뉴를 정해서 전화를 하면,

배달이 불가능하다는 대답이 돌아오기도 합니다.

그리고 결정적으로 카드 결제가 안 된다는 곳도 있습니다.

전화를 해서 나의 기호에 맞는 곳을 찾기란 의외로 쉽지 않은 일입니다.

반면 스마트폰 배달 앱은 인근 지역의 배달 가능한 메뉴들을 정리해서 보여주고,

결제 방법도 선택할 수 있어서 매우 편리합니다.

배달 앱은 오프라인에서 존재하던

음식 주문 배달 시스템을 스마트폰에 담은 것입니다.

소비자 입장에서는

전화로 주문하지 않고 스마트폰 배달 앱을 이용하는 경우의

기회비용을 고려하게 됩니다.

즉 스마트폰의 배달 앱을 사용했을 때

얻는 편익이 전화 주문의 편익보다 커야 합니다.

음식점이 달라지는 것이 아니라,

기존의 영업을 유지하면서 배달 앱 주문이 추가되어

영역이 확장한 것으로서, 동일 메뉴, 동일 가격으로 배달이 되니,

일단 고객의 입장에서

줄어드는 편익은 없다고 볼 수 있습니다.

거기에 전화 주문 시 겪어야 했던 불친절,

주문 매장의 영업 시간, 가능한 메뉴의 종류 등을 확인할 필요 없이

바로 주문할 수 있어 편리함이 추가되니 스마트폰

배달 앱을 사용하지 않을 이유가 없습니다.

게다가 각각의 배달 앱별로 포인트를

적립해주고 있으니 마일리지 적립 효과까지 누릴 수 있습니다.

크지는 않지만 마일리지 적립 효과 또한 고객에게 긍정적인 요인으로 작용합니다.

전화로 주문할 때에는 해당 가게별로 스티커를 받지만,

배달 앱의 마일리지는

어느 메뉴를 선택하건 상관없이 꾸준히 적립할 수 있는 이점이 있습니다.

TV 광고나 기사를 통해서도

배달의 민족, 요기요, 배달통 등의 배달 앱에 익숙해져 있을 겁니다.

이 정도라면, 왜 배달 앱 시장이 지속적으로 확장되고 있는지를 이해하시겠죠?

배달 앱의 기회비용은

전화 주문이 채워주지 못하는 가치를 제공함으로써
새로운 가치, 더 만족스러운 가치를 제공해준다는 것입니다.

교통비와 시간의 기회비용, 세르파즈

배달비 > 교통비

배달 이야기를 하니 중국의 배달 회사가 생각납니다.

제가 상하이에서 주로 이용하던

음식 배달 서비스가 있는데, 세르파즈 Sherpa's입니다.

상하이에서 아파트를 얻어 독립생활을 시작할 때

저녁 시간에 눈에 띄는 주황색 옷을 입고 오토바이를 타고 다니는

분들을 보았습니다. 오토바이에 'Sherpa'라는 글자가 적혀 있었습니다.

깔끔하고 세련된 택배 회사로 보였는데, 알고 보니 음식 배달 회사였습니다.

지금은 모바일 앱도 있지만, 당시에는 세르파즈에서 발행한 작은 소책자를 보고

전화로 주문하는 방식이었습니다.

책자에는 상하이의 유명한 음식점들이 알파벳순으로

정렬되어 있었습니다. 저는 그 책자를 보며 음식을

하나씩 시켜보던 경험이 있습니다.

세프파즈 직원들은 정말 친절하고 시간도 잘 지켰습니다.

특히 테이크아웃으로 잘 포장된 음식은 정말 감동을 주었죠.

대신 배달 요금을 별도로 내야 했습니다.

기본 거리는 15위안 정도였고,

거리가 멀수록 요금이 올라가는 시스템이었습니다.

배달 요금이 살짝 비싼 감이 있었지만,

그 레스토랑에 가기 위해 소요되는

대중교통비, 이동하는 시간 등을 따져보면

15위안은 아깝지 않은 금액이었습니다.

물론 레스토랑에서 느끼는 분위기와 기타 공간적인

부분을 제외하고 판단해보기로 합니다.

자, 여기서 기회비용이 발생했습니다.

그렇죠?

세르파즈를 통해 음식을 주문하려고 하는데

배달비를 추가로 지불해야 하는 상황이 발생합니다.

이에 대한 기회비용은 레스토랑까지 오고 가는 교통비와 시간입니다.

하지만 배달 요금이 그 비용을 충분히 상쇄하기에

세르파즈는 인기를 얻고 있습니다.

한국의 배달 문화는 배달 요금이 음식 값에 포함되어 있어

해당 음식점의 서비스로 인식되어 있습니다.

우리는 중국집에 자장면을 시키면 공짜로 배달해주는데,

세르파즈는 배달 요금을 따로 받는다? 이해되지 않는 상황일 것입니다.

하지만 세르파즈는 거리에 따라 변동되는 배달 요금을 받지만

거기에 상응하는 보상을 해줍니다.

**다양한 음식을 레스토랑과 동일한 조건으로
맛볼 수 있는 가치를 제공**해줍니다.

한국의 배달 앱보다 디테일한 메뉴들을 레스토랑에서 주문하는 것과 똑같이
상세하게 주문할 수 있습니다.

한국에서는 푸드플라이 Foodfly가 세르파즈와 비슷한 형태로
서비스를 제공해주고 있습니다.

푸드플라이는 웹사이트나 앱으로 주문이 들어오면
오토바이로 음식을 찾아 배달해주는 방식입니다.

온라인의 상품 주문과
오토바이 택배를 결합한 형태로서,

배달료가 없는 경우도 있지만 보통 6000~7000원 정도의
배달료가 따로 청구되는 시스템입니다. 배달 앱에 소개되지 않은 레스토랑 혹은
숨은 맛집을 고객과 연결해주는 것이죠.

저녁식사와 기차 요금

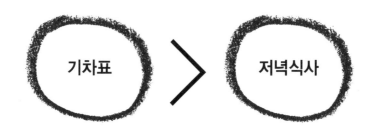

리버풀에서 값싼 요금이 적용되는 오프피크 시간대에
런던행 기차를 타는 것의 기회비용은 리버풀에서 근사한 저녁식사를 하는 것입니다.

가격 할인을 보니 탄력적 요금제로 유명한 런던을 떠올릴 수밖에 없네요.
앞에서 설명한 부분도 탄력적 요금으로 볼 수 있지만,
사전 예약을 통한 가격 할인으로 바라볼 수 있다면,
이용 시간대에 따라 차등화된 요금 제도의 기회비용을 생각해보겠습니다.
영국에서 일과 공부를 병행하던 시절 런던과 리버풀을 자주 오가야 했습니다.
비즈니스 미팅을 할 때에는 회사에서 마련해준 차량이나 버스를 이용했는데
개인적인 일로 런던에서 리버풀로 갈 때는
기차보다 더 나은 방법을 찾기 힘들었습니다.
런던 유스턴 역에서 리버풀 라임 역까지 가는 기차 요금은 오전 시간대에
40.8파운드(6만 7000원)부터 154.4파운드(25만 3000원)까지 다양합니다.

오전 6시부터 9시까지는 피크타임이기 때문에

요금이 무려 25만 원대이고,

오전 9시 이후에는 6만 원대로 4배나 차이가 납니다.

또한 리버풀에서 런던으로 돌아오는 저녁 시간대에는

25파운드(4만 1000원)부터 80.6파운드(13만 2000원)까지 가격 차이가 큽니다.

약 3배 차이가 나는 것입니다. 리버풀에서 런던으로 돌아오는 경우에도

역시 저녁 9시 이후에는 가격이 13만 원대이지만

저녁 9시 이전에는 4만 원 정도입니다.

즉 리버풀에서 저녁을 먹고 9시 기차를 타면 저녁을 먹지 않고 바로

출발할 때보다 3배 비싼 표를 사야 합니다.

이 때문에 몇 시 기차를 탈지 항상 고민할 수밖에 없었습니다.

리버풀로 갈 때는 대개 미팅이 점심 이후에 잡혀 있어서

오프피크 off-peak 티켓을 구매했지만

런던으로 돌아올 때는 갈등을 할 수밖에 없습니다.

특히 리버풀은 비틀즈의 고향이기도 해서 뮤지션들의 공연이 많은 곳입니다.

이 같은 탄력적인 기차 요금제 때문에

기차표를 끊을 때마다 그만큼의

기차 요금을 지불할 가치가 있는지를 따지게 되었습니다.

다시 말해 리버풀에서 저녁을 먹지 않고

바로 런던으로 돌아오는 **기차표를 끊을 때의 기회비용은**

리버풀에서 저녁식사를 하는 것의 가치이겠죠.

만약 시간에 구애받지 않고 기차표를 끊는다면요?

영국에는 애니타임 Anytime이라는 티켓이 있습니다.

말 그대로 언제든 기차를 탈 수 있는 표입니다.

런던에서 리버풀까지 애니타임 티켓을 끊으려면

309파운드(50만 6000원)를 지불해야 합니다.

그러면 기차 시간을 정해놓지 않고 아무때나 기차를 탈 수 있습니다.

그리고 더 안락한 자리에 앉아서 가고 싶다면 VIP 티켓이 있습니다.

런던에서 리버풀까지 가는 애니타임 VIP 티켓의 가격은 470파운드(77만 원)입니다.

상상이 되시나요?

애니타임 티켓은 가장 저렴한 오프피크 티켓보다 약 8배나 비싸고,

애니타임 VIP 티켓은 무려 12배나 비쌉니다.

시간대를 선택하기 어려울 경우 이렇게 애니타임 티켓을 끊으면

시간의 제약에서 벗어날 수 있지만

티켓 가격이 그만큼의 가치를 가지는지 궁금하기도 했습니다.

이렇게 기차 요금이 시간에 따라 달라지는 점은

다양한 영역에서 적용해볼 수 있을 것입니다.

붐비면 비싸지는 우버 요금

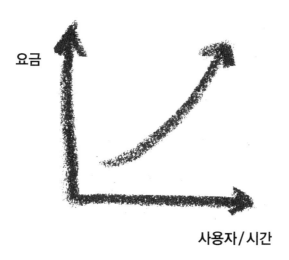

공급은 적고 수요가 많으면 서비스의 가격은 상승합니다.
마찬가지로 교통이 혼잡해지는 시간대에는 우버 택시 요금이 올라갑니다.

우버Uber 역시 시간대에 따른 탄력적인 요금제를 적용하고 있습니다.

현재 우리나라에서는 65세 이상 혹은 외국인만

우버의 블랙 캡을 사용할 수 있습니다.

우버는 연말, 새해 등 수요가 많아지는 시기와 시간대에 요금이 인상되는

시스템(할증요금제)을 적용하고 있습니다.

수요가 많고 요금이 비싸다면 더 많은 기사가 차편을 제공하게 될 것입니다.

고객은 택시를 잡지 못해서 발을 동동 구르는 것이 아니라

다소 요금이 비싸더라도

우버를 이용해서 원하는 목적지까지 이동할 수 있다는 얘기죠.

피크타임 때에 이용자가 이동하고 싶어하는 가치가 할증 요금보다 더 크기에 가능한 요금 설계입니다.

카페의 커피 가격으로 나만의 공간을

단순한 모임 공간이 아닌 사업의 공간에 대해서도

새로운 시장이 만들어지고 있습니다.

최근 들어 창업 붐이 일면서 1인 창업자 혹은 소규모의 기업들이 생겨나고 있죠.

교통이 좋은 역세권에 사무실을 얻자니 초기 비용과 매달 관리비가 부담이 됩니다.

이러한 창업가, 프리랜서, 컨설턴트 등의 니즈를 해결해주는 공간이 있습니다.

디큐브 아카데미의 비즈큐브입니다.

1명부터 6명까지 들어갈 수 있는 다양한 규모의

오피스를 구비하여 사업을 지원해주는 공간입니다.

이뿐만 아니라 카페큐브란 곳도 있는데,

월정액을 결제하면 한 달 동안 종일 카페를 이용할 수 있습니다.

평균 1일 8000원대의 비용으로 사무기기와 전문 서적이 구비된 카페에서

개인 작업을 하고 음료를 무한리필로 즐길 수 있습니다.

예비 창업자나 1인 창업자에게는 매우 매력적인 공간입니다.

이러한 카페큐브를 이용하는 사람들 역시 기회비용을 따져보겠지요.

카페에서 커피를 마시는 가격, 이용하는 시간, 지원 환경 등을 고려해보면

하루 8000원대로 카페큐브를 이용하는 것이 훨씬 가치 있는 선택이 될 수 있습니다.

카페 공간으로서 1인 전문가를 위한 카페큐브의 이용자에게

기회비용은 카페를 이용하는 비용입니다.

이용자에게 이용의 가치를 어필하게 되는 것이죠.

연회비 이상의 가치 코스트코

월마트와 까르푸 모두 한국에서 철수를 했습니다.

철수를 결정한 가장 큰 이유로 꼽히는 것이 한국화, 즉 현지화 실패였습니다.

국내의 할인 매장과 견주었을 때

아무리 가격이 저렴하다고 해도 대형 묶음 중심이고,

소비자들이 스스로 제품을 찾아야 한다는 점이

우리나라 고객들의 소비 행동과 맞지 않았기 때문이라는 의견이 많았습니다.

특히 국내 소비자들은 프로모션에 많이 노출되어 있어서

대대적인 판촉 활동에 더 큰 반응을 하는데

외국 브랜드의 할인 매장들은 이를 충족시켜주지 못한 부분이 있었죠.

이렇게 월마트, 까르푸 모두 국내에서 실패를 했는데

유독 한곳이 지속적으로 성장하고 있습니다. 바로 코스트코입니다.

초기의 코스트코는 제품의 종류도 다른 할인 매장보다 많지 않고,

판매 단위도 너무 커서 한국 소비자들에게 적합하지 않다는 의견이 많았습니다.

오프라인 매장만 운영하고 배송이나 매장 내 편의 시설 등도 없습니다.

그뿐 아니라 연회비 3만 5000원을 내고 회원 가입을

해야만 코스트코 매장을 이용할 수 있는 시스템입니다.

결제 수단에서도 코스트코와 계약을 맺은 삼성카드 혹은 현금만 가능하기에

고객의 편의와 거리가 멀었습니다.

월마트와 까르푸가 현지화에 실패하여 철수를 선언했고,

코스트코의 현지화하지 못한 모습에

코스트코의 성장을 긍정적으로 예견하기는 어려웠습니다.

하지만 코스트코는 꾸준히 성장하여 현재 11개의 매장을 보유하고 있습니다.

2015년 10월부터는 온라인 쇼핑몰도 운영할 계획이라고 합니다.

코스트코는 고객 지향적인 서비스를 제공하는 곳도 아니고,

다양한 제품을 구비하고 있거나

소량으로 판매하는 곳도 아닙니다.

그런데도 100만여 명의 한국 고객들이 코스트코에

열광하는 이유는 무엇일까요?

그것은 코스트코의 상품력으로 볼 수 있습니다.

커클랜드라는 자체 PB 상품과 해외 상품 소싱력 등을 통해

가성비가 매우 뛰어난 제품을 공급하고 있기 때문입니다.

3만 5000원의 연회비를 내야 이용할 수 있기 때문에

코스트코를 이용하는 경우의 기회비용을 따져보게 됩니다.

과연 1년 동안 코스트코를 이용하면서

얻게 되는 이익이 연회비보다 더 클 것인가를 말입니다.

하지만 코스트코를 이용해본 사람이라면

연회비를 잊게 된다는 점을 이해하실 것입니다.

물론 소량으로 다양한 제품을 구입하는 가정에는 맞지 않을 수 있지만,

영업을 하거나 한 번에 많은 음식을 준비해야 하는 고객이라면

코스트코에서 훌륭한 제품을

저렴한 가격으로 살 수 있다는 이점은 연회비를 상쇄하고도 남기 때문입니다.

코스트코의 베이커리 코너는 특히 유명합니다.

3790원의 디너 롤,

6990원에 12개의 머핀을 구입할 수 있으며,

그 맛과 가격에 감동을 하게 됩니다.

코스트코 회원에 가입할 때 고민하게 되는 기회비용,

연회비 3만 5000원

이상의 가치를 경험하게 되는 것입니다.

시간이 지날수록 올라가는 참가비

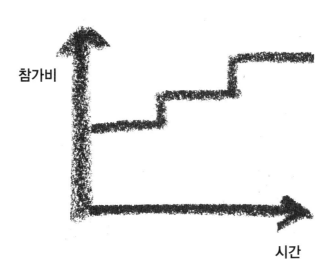

스파르탄 레이스는 시간이 지날수록 참가비를 많이 받습니다.
얼리버드에게 혜택을 주는 시스템입니다.

최근 몸에 대한 관심이 부쩍 많아지면서 운동을 하는 사람이 늘어나고 있습니다.

다양한 운동 방법들이 소개되고,

PT(퍼스널트레이닝)라 불리는 개인 지도자와 함께

운동하는 방법도 이제는 낯설지 않게 되었습니다.

하지만 최근 들어 낯선 스포츠가

하나 있었습니다. '스파르탄 레이스'인데요.

세계적으로 터프하기로 유명한 경기의 하나로

국내에는 2013년에 처음 도입되었습니다.

운동을 좋아하는 사람들에게 입소문이 난 레이스입니다.

다양한 장애물을 극복하며 일정 거리를 완주하는 경기입니다.

매 코스마다 주어진 장애물을 극복하지 못하면

'버피'라는 벌칙으로 체력 단련을 한 뒤 다음 코스로 이동하는

매우 강도 높은 레이스입니다.

경기도 특이하지만 참가비를 접수하는 과정에서 특이한 점을 볼 수 있습니다.

참가비가 일정하지 않고 늦게 접수할수록 가격이 올라갑니다.

마지막으로 구매하게 되면

얼리버드 티켓 대비 40퍼센트나 높은 가격을 지불해야 합니다.

빠른 결심을 촉구하는 시스템인데요.

스파르탄 레이스에 대해 확고한 참여 의지와

레이스의 가치를 인정하는 사람에게 저렴하게 제공하는 것입니다.

대신 후순위로 밀어둔 사람에게는 높은 참가비를 받는 것입니다.

즉 접수 시간에 대한 차등화된 비용은

참가 의지에 대한 기회비용이라고 볼 수 있습니다.

지금까지 다양한 가치가 창출되는 사례를 살펴보았습니다.

고객은 가치를 선택할 때 크게 두 가지를 고려합니다. 시간과 비용입니다.

물론 가치를 창출하는 데 고려하는 요인은 다양하지만

앞에서 다룬 사례들은

시간과 비용이라는 공통분모가 있습니다.

투입되는 시간과 비용에 비해 더 많은 혜택을 누릴 수 있다고 판단할 때

고객은 가치를 부여하게 됩니다.

효용이 체감하는 가치

고객에게 제공되는 가치는 영원하지 않습니다.
시간이 흐름에 따라 가치에 대한 만족, 효용이 변하기 때문입니다.
지금의 환경과 여건에 필요한 가치가 이후
달라진 환경에서도 동일한 만족을 주지는 않기 때문입니다.
시간이 흐르고 환경이 변화함에 따라 제공되어야 하는
가치도 지속적으로 변화되어야 합니다.

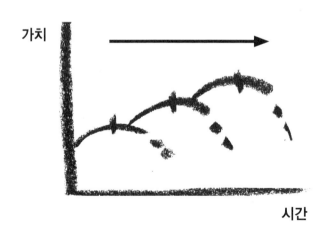

시간이 지나면 가치는 떨어지게 됩니다. 따라서 기업은 새로운 가치를 지속적으로 개발하여 제공해야 합니다.
트렌드 및 환경의 변화에 맞춘 꾸준한 가치 개발이 필요합니다.

고객의 니즈는 시간에 따라 변하고

니즈를 채워주는 방법 또한 다양해집니다.

그리고 동일한 제품·서비스를 계속 제공할 경우

고객에게 지속적인 감동을 주지 못합니다.

물론 한결같은 제품을 원하는 고객도 있지만 매우 드물다고 봐야 합니다.

하지만 트렌드, 환경의 변화에 맞추어 고객에게 더 만족할 수 있는 가치를

지속적으로 개발해서 제공해준다면

고객의 만족도가 더 높아지는 것은 당연한 일입니다.

지속적으로 고객의 선택을 받으려면 어떻게 해야 할까요?

고객이 관심을 가지는 핵심 가치를 중심으로

변화하는 트렌드에 맞추어 제공해야 합니다.

맞는 말인 것 같은데 어렵게 들리죠?

변화하는 시대에 다양한 니즈를 채워주기 위해

다양한 시도를 하게 됩니다.

갖지 못한 것을 채워주는 컬래버레이션

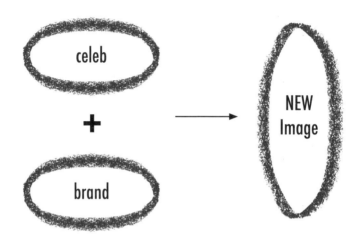

컬래버레이션을 통해 시너지 효과를 낼 수 있습니다. 예를 들어 의류 브랜드와 유명 디자이너의 컬래버레이션은, 브랜드에는 높은 디자인적인 이미지를, 디자이너에게는 대중적인 이미지를 부여해줍니다.

컬래버레이션Collaboration의 목적은 크게 브랜드의 이미지 확산,

보완 그리고 강화하는 것입니다.

지금까지 많은 신규 브랜드 혹은 인지도가 낮은 브랜드들이 브랜드

힘이 강한 셀러브리티 혹은 브랜드와의 컬래버레이션을 통해

상위 개념의 이미지를 심어주려 했습니다.

패션업계에서의 컬래버레이션은 인지도가 높은

아티스트 또는 디자이너와의 협업을 통해

상품을 개발하여 소비자들의 소비 심리를 자극하고

브랜드 인지도를 높이기 위한 시도라고 볼 수 있습니다.

신규 브랜드, 인지도가 낮은 브랜드는

톱스타와의 컬래버레이션을 통해

단기간에 이슈를 만들어 인지도를 높이려고 합니다.

이종 브랜드 및 디자이너, 산업 간의 컬래버레이션은 이제 익숙해졌습니다.

그중에서도 의류 브랜드에서 가장 쉽게 만나볼 수 있습니다.

반면 소비자 입장에서 보면,

컬래버레이션은 새로움을 주고 평소 만나기 어려운

유명인들을 브랜드의 제품을 통해 만날 수 있는 기회가 됩니다.

브랜드가 자칫 하향화되거나 정체되는 시점에서

<u>컬래버레이션을 통해 생동감을 주고 새롭게 도약할 수 있는 계기</u>가 되는 것입니다.

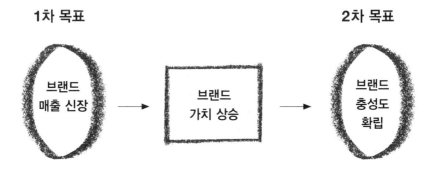

브랜드의 컬래버레이션은 매출 신장과 브랜드 충성도를 높이는 효과가 있습니다.

컬래버레이션의 기대효과는 크게 2단계로 나눌 수 있습니다.

1차 목표는 브랜드의 매출 신장,

이후 고객의 지속적인 반복 구매를 통한 브랜드 충성도(로열티) 확립입니다.

앞으로의 컬래버레이션 진행은 2차 목표까지

고려하여 지속적으로 운영되는 프로그램으로 계획되어야 합니다.

외국에서 진행된 대표적인 컬래버레이션을 몇 가지 생각해보았습니다.

H&M은 저가 브랜드이지만 패션 트렌드의 아이콘임을 알리기 위해

해마다 세계적인 톱디자이너들과의 컬래버레이션을,

톱숍 Top Shop은 트렌디한 모습을 강하게 어필하기 위해 모델과의 컬래버레이션을,

아디다스 Adidas는 여성 카테고리의 집중과

디자인의 차별화를 위해 스텔라 매카트니와의 컬래버레이션 라인을 구축했으며,

루이비통 Louis Vuitton은 기존의 클래식한 디자인에서 모던한 영역까지 디자인 범위를

확장하기 위해 무라카미 다카시를 비롯한 팝아티스트와의 컬래버레이션을

진행했습니다. 이를 통해 이 브랜드들은

고객들에게 브랜드 이미지를 확장할 수 있었습니다.

컬래버레이션은 새로운 가치를 제공해줌으로써

고객의 만족을 높이는 효과가 있습니다.

컬래버레이션의 목적이 이종 간의 협업을 통해

새로운 가치를 지속적으로 제공해주는 것이라면,

이제는 제품의 기능적인 측면에서 지속적인 변화를 통해

가치를 창출하는 것을 생각해보겠습니다.

진화하는 대중교통 앱 서비스

한국은 스마트폰 보급률에서 세계 1위의 타이틀을 갖고 있는 만큼

많은 사용자들이 스마트폰 앱에 익숙해져 있습니다.

메모를 하는 앱, 사진을 찍는 앱, 음악을 듣는 앱,

뉴스를 보여주는 앱, 소셜네트워크를 하는 앱, 쇼핑을 하는 앱,

게임을 하는 앱 등등. 다양한 앱을 하루에도 몇 번씩 이용하고 있습니다.

스마트폰이 짧은 시기에 대중화되었지만

그사이에 인기 있던 앱이 사라지기도 하고,

처음 보는 앱이 등장하여 인기를 끌기도 합니다.

지속적으로 고객에게 가치를 제공하는 앱은

어떤 것일까 생각하다가

'일상생활에 유용한 정보를 주는 앱'이라는 명제를 세워보았습니다.

그런 대표적인 예가 교통 정보를 알려주는 앱이 아닐까 생각합니다.

과거의 앱은 단순히 지하철 노선도를 보여주는 데 그쳤는데,

요즘에 나온 앱은 몇 번째 칸을 타야 빨리 갈아탈 수 있는지까지 알려줍니다.

단순히 노선만 보여주던 것에서,

지금은 갈아타는 시간까지 반영하여

최종적으로 소요될 시간을 알려주는 편리한 기능에

다시 한 번 감탄했던 기억이 납니다.

예전에는 지하철 노선도를 지갑에 넣고 다니며

확인했지만 지금은 스마트폰으로 타야 할 위치,

열차 대기 시간까지 알려주니 여유 있게 지하철을 이용할 수 있습니다.

지하철로 노선과 시간을 알려주던 앱에서,

더 유용하게,

그리고 사용자의 삶에 더욱 가치 있는 앱으로 진화하는 것을 볼 수 있습니다.

지하철뿐만 아니라 버스 정보 앱 또한 진화를 거듭하고 있습니다.

버스 노선이 복잡해지고, 광역화되면서 자주 다니는 곳이 아니라면

버스를 타는 데 불편한 점이 많았습니다.

사전에 목적지까지 가는 방법을 검색해도,

버스 노선별로 정류장이 다르기도 해서

난감했던 경우가 있을 겁니다.

버스 정류장 안내와 함께 버스 도착 시간까지

알려주는 기능이 있으니 정말 좋아졌다는 생각을 하게 됩니다.

좌석버스 노선을 탈 때면 더 놀라운 기능을 경험해볼 수 있었습니다.

남은 좌석 수까지 알려주기 때문입니다.

버스 정류장에서 줄을 서서 대기 인원을 세어봅니다.

그리고 버스 앱에서 남은 좌석 수를 확인해보면

앉을 수 있는지를 알 수 있죠.

인근 카페에서 대화를 나누면서 몇 분 후에 버스가 오는지,

그리고 남은 좌석 수가 몇 개인지를 파악할 수 있어서

정말 유용한 앱이었습니다.

버스 정보 앱 또한 버스 노선을 정리해서 보여주는 것에서 계속 진화하여

지하철 앱처럼 도착 시간과
현재 버스 위치를 알려주고,
더 나아가 남은 좌석 수까지 알려주기에
이용자들에게 더없이 고마운 앱입니다.

택시 예약 앱의 등장

금요일 밤 강남이나 홍대 앞에서 택시를 잡기란 쉽지 않죠.
아침 뉴스에서 이지택시 Easy Taxi란 앱이 유용하다는 뉴스를 보고
저도 앱을 설치하여 사용하려고 했습니다.
그런데 주변을 보니 이지택시 앱을 켜고 기다리는 분들이
여럿 있는 것을 발견하고는 스마트폰을 주머니에 넣고 걸어갔던 기억이 납니다.
한국에서 택시 예약 앱이 대중화되기 전에
이미 상하이에서는 사람들이 택시 예약 앱을
익숙하게 사용하는 것을 자주 보았습니다.

근래 상하이에 갔을 때 달라진 모습은 도시뿐만이 아니었습니다.
그사이에 스마트폰의 앱도 다양해져 있었습니다.
중국 친구들이 추천해준 택시 예약 앱은
알리바바의 콰이디다처快的打车와 텐센트의 디디다처嘀嘀打车였습니다.
몇 년 전까지만 해도 상하이에서 택시를 탈 때는
전화로 콜택시를 부르곤 했는데,
한국보다 더 빨리 변해가는 모습에 놀라움을 금치 못했습니다.
택시 예약 앱을 사용한다고 해도 출퇴근 시간이나
심야 시간에는 택시를 잡기 힘들기 때문에
우버와 유사한 좐처专车를 이용하는 사람이 많습니다.

주문형 개인 기사 서비스로 분류하는 중국 IT 업계의 삼두마차라 불리는
BAT(바이두, 알리바바, 텐센트) 3사 모두 좐처 앱을 통한 서비스 사업에
진출해 있기에 이 시장이 더 확장될 것으로 보입니다.

최근 베이징 교통위에서 인터넷 앱을 이용한 콜택시,
전용 택시의 등장은 시대적 추세이므로 좐처의 합법화 방안을
검토 중이라는 소식이 전해졌습니다.

중국에서는 바이두 좐처百度专车,
알리바바의 1호 좐처一号专车, U요우U优 등이 많이 사용되고 있습니다.

좐처의 결제 시스템 또한 우버의 시스템처럼 현금으로 지불하지
않고 앱 사용 시 등록한 신용카드나
온라인(알리페이)으로 결제하게끔 되어 있어
기사와 요금 문제로 옥신각신할 일이 없습니다.

다처라 불리는 택시 예약 앱부터 좐처라 불리는
개인 기사 서비스까지 앱이 활성화되는 것을 보면서
한국에서도 택시 예약 앱 그리고 더 발전된 교통수단을
중계해주는 앱이 개발될 것이라는 생각을 해봅니다.

이렇듯 **대중교통 앱이라 해도 그 안의**
콘텐츠와 전달해주는 가치는 지속적으로 진화하고 있습니다.

멈추지 않는 교육 콘텐츠의 공급

지속적인 교육 또한 우리에게 중요한 가치입니다.

교육계에서는 교육의 문턱을 낮추기 위해 꾸준히 노력하고 있고,

시장에서는 다양한 교육 콘텐츠를 갈망하고 있습니다.

특히 인터넷이 보급되면서 온라인 교육을 통해

대학 공부를 계속하고 다양한 자격증을 취득하기도 하는 시대입니다.

이러한 온라인 교육 플랫폼에 새로운 시장이 열리고 있습니다.

온라인 공개 수업 Massive Open Online Course, MOOC이 바로 그것입니다.

미국에서 시작한 무크 MOOC 는 교육혁명이라 불리며 교육계의 큰 이슈가 되었습니다.

우리나라에서도 최근 한국형 무크 K-MOOC를 준비하는 움직임이 있습니다.

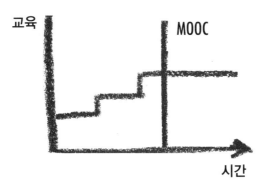

MOOC 온라인 교육은 시간의 흐름에 대한 교육을 지속적으로 가능하게 해줍니다.
다양한 영역에서 교육 프로그램을 제공하기 때문에 평생 학습이 가능합니다.

MOOC는 MIT, 하버드 등과 같은 유명한 대학들이 학과 과목을 개설하여
높은 품질의 수업과 무료라는 강점을 내세우고 있습니다.
온라인으로 자신이 원하는 시간에 수업을 듣고 따라가면 됩니다.
기간은 4~8주 정도로 진행되며,
수업 내용 또한 동영상 강의로 끝나지 않고,
주 단위 과제물과 참고 서적을 찾아서 읽어야 합니다.
국내의 인터넷 강의와 크게 다르지 않지만,
새로운 학문과 다양한 인사이트를
얻을 수 있는 교육의 장을 제공하는 매력적인 교육 시스템입니다.

제가 접했던 MOOC는 코세라Coursera의 프로젝트 매니지먼트Project Management: PM
과정이었습니다. MBA 과정에서 공부를 하는데,
PM을 전공하는 친구들이 의외로 많았습니다.
MBA 다음으로 인기 있는 코스가 PM 과정이며,
학과의 성장 규모가 매우 빨라 보였습니다.
한국 학교에서는 PM 전공에 대해 들어보질 못했고,
회사에서는 사내 프로젝트의 팀장을 PM이라고 부르는 것이
PM에 대해 제가 아는 전부였습니다.
눈에 아른거리는 PM 과정이 궁금하면서도 따로 시간을 낼 수 없었죠.
제가 이렇게 PM이 뭔지 궁금해하자 저와 비슷한 생각을 갖고 있던 동기가
온라인으로 배울 수 있는 곳이 있다며 알려주었습니다.
그게 제가 코세라를 처음 알게 된 계기입니다.
코세라에서 미국 버지니아 대학교의

'Fundamentals of Project Planning and Management' 수업을 신청하여
4주 코스를 마쳤습니다.
전공 수업도 바쁜데 시간을 쪼개어 수업에
참여한다는 것이 힘들었지만,
영국에서 미국 대학의 수업을 들을 수 있다는
사실이 놀라웠고 게다가 무료라는 사실에
감사할 따름이었습니다.
인터넷에 감사하며 PM의 필요성과 원리에 대해 이해할 수 있었던 시간입니다.
수업 내용은 여느 대학과 비슷했으며,
수업에 필요한 참고문헌들을 제시해주어 수업을
이해하는 데 많은 도움이 되었습니다.

최근에는 사회심리학에 관심을 갖게 되어 코세라에서 검색을 해보니
미국 코네티컷에 위치한 웨슬리언 대학교의
'사회심리학 Social Psychology' 수업이 있어서 듣고 있습니다.
코세라 외에도 유다시티 Udacity, 에덱스 edX 등의
MOOC 사이트들의 콘텐츠가 다양하고,
지속적으로 업데이트되고 있어 인기가 높습니다.
MBA 수업 중 기업가 정신 Entrepreneurship 수업 중에 동료가
MOOC 사례를 발표하는 시간이 있었는데,
교수님께서 이런 메시지를 전달해주셨죠.

"앞으로는 대학 교육이 필요 없는 세상이 올 것이다."
다들 교수님의 말을 진지하게 받아들였습니다.

졸업장이 없는 대학,

평생토록 배울 기회가 열려 있는 대학.

배우고자 한다면 언제든지 배울 수 있는 장이 마련되는 것이죠.

배움에 대한 니즈를 지속적으로 채워줄 수 있는 모델이

한국에서도 개발되어 배움을 열망하는

많은 사람들이 편하게 한국어로 수업을 들을 수 있게 되기를 기대합니다.

고객에게 제공되는 가치는 갈수록 효용이 감소합니다.

고객의 환경과 트렌드가 변화하게 됨에 따라
고객의 만족도와 니즈도 달라질 수밖에 없습니다.
마케터는 지속적으로 새로운 가치를 제공하기 위해 항상 고민해야 합니다.
새로운 가치를 창출하기 위해 컬래버레이션이 앞으로 더욱 많이 진행될 것입니다.
고객에게 제공하는 가치가 어떤 니즈를 채워줄 수 있을지
충분히 그려보아야 합니다.

스마트폰이 필수인 시대에 스마트폰의 앱 또한 진화하고
생활에 유용한 정보를 제공해주고 있습니다.
스마트폰과 생활의 연결고리가 되는 앱 역시 지속적으로
새로운 가치를 제공해주고 있습니다.
더욱 편리하게 진화하며 우리 생활에 깊숙이 들어오고 있습니다.
온라인 교육을 통한 평생 교육의 장이 펼쳐지는 것 또한 지속적으로
새로운 학습을 할 수 있는 기회를 제공해줍니다.
이렇게 변화하는 시대에 고객이 필요로 하는 가치를 찾아내어
제공해줄 수 있어야 합니다.
변화하는 시장에 맞는 새로운 가치를 제공해야 합니다.

지금까지 마케팅의 두 번째 요소인 가치Value에 대해 알아보았습니다.

첫 번째 요소인 프레임에서는 고객의 입장에서 시장을 바라보았다면,

가치란 **고객에게 필요한 가치를 만들어주는 과정**을 의미합니다.

마케팅의 첫 번째 요소인 프레임을 통해 고객의 입장에서 바라보는 것을 배웠고,

두 번째 요소인 가치를 통해

고객의 핵심 니즈를 채워주는 방법에 대해 살펴보았습니다.

인터넷이 생활의 필수 도구가 되고,

더불어 스마트폰이 대중화되면서

고객은 더욱 새로운 가치를 추구하게 되었습니다.

온라인 공간에서 형성되는 네트워크를 통해

지금껏 경험하지 못한 새로운 가치를 받아들이고 사용하게 되는 것이죠.

이러한 온라인 시대의 가치 플랫폼은 사람들을 서로 연결해주고,

곳곳에 흩어져 있는 다양한 가치들을 공유할 수 있게 해줍니다.

마케터는 타깃 고객에게 제공할 가치를

고려할 때 이러한 **시대적인 변화와 트렌드를 인지**해야 합니다.

또한 고객에게 제공되는 가치는 고객으로 하여금 선택의 문제에 마주치게 합니다.

기존에 존재하던 가치를 대신할 새로운 가치를 제공하여

고객을 만족시켜야 하는 것이죠.

기존에 고객에게 제공되었던 가치를 이해하여

더 나은 가치를 제공해야 합니다.

지금 고객이 어떠한 요인에 의해서 그 가치에 만족하고 있는지,

아니면 불만족하지만 대체될 만한 가치가 없어서 이용하는지를 알아야 합니다.

고객의 핵심 니즈를 간파하여 새롭게 만들어진 가치를 제공하면 고객은

선별적으로 수용하게 됩니다.

가치에 대한 평가와 판단을 하게 되는 것이죠.

고객은 과연 이 가치가 기존에 누리던 가치보다

더 큰 효용을 주는지를 따져보게 됩니다.

기회비용의 개념을 이해하고 고객이 현재 누리고 있는 가치보다

더 나은 가치를 제공할 수 있어야 합니다.

그리고 고객이 추구하는 가치는 시간이 흐름에 따라 변화하게 마련입니다.

따라서 마케터는 지속적으로 새로운 가치를 제공할 수 있게

항상 새로운 가치 개발을 생각해야 합니다.

3
Story

FVS 마케팅을 구성하는 마지막 요소는 스토리Story입니다.

Marketing

=

Frame

+

Value

+

Story

그동안 고객의 눈높이로 시장을 바라보았고,

고객이 필요로 하는 것을 채워주는 방법을 알아보았습니다.

이제는 고객의 니즈를 채워줄 수 있는 가치를 잘 전달하는 것이 중요합니다.

FVS는 주요 구성 요인이지만 마케팅의 흐름이기도 합니다.

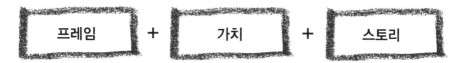

진행 순서(시간)

FVS 마케팅은 마케팅을 진행하는 시간의 순서로 이해할 수 있습니다.
고객에게 다가가서, 고객이 필요로 하는 가치를 발견하고,
그 가치를 고객에게 전달하는 순서로 설명할 수 있습니다.

'구슬이 서 말이라도 꿰어야 보배'라는 속담이 있습니다.

앞의 F, V단계가 훌륭한 구슬을 만드는 과정이었다면,

스토리는 마지막으로 꿰어서 **더욱 가치 있게 전달해주는 역할**을 합니다.

고객이 쉽게 이해할 수 있게 스토리를 만들어 전달하는 것의

중요성을 설명해보고자 합니다.

그리고 만들어진 스토리를 고객에게 쉽게 전달하는 방법,

즉 고객과 소통하는 방법을 이야기할 것입니다.

마지막으로 지속적으로 스토리를

창출하기 위해서는 고객들이 참여하여

입소문을 낼 수 있게 해야 하는데, 그 방법을 알려드립니다.

전달하고자 하는 메시지를 스토리로 만든다

고객은 <u>스토리를 통해 쉽게 이해하고, 핵심 가치를 인지하게</u> 됩니다.

물론 스토리는 사실을 바탕으로 만들어져야 하겠지요.

여기서 스토리와 히스토리는 엄연히 다릅니다.

브랜드와 관련하여 많이 사용하는 방법이

히스토리를 내세우는 것입니다.

'몇 년 역사를 자랑하는, 오랜 세월을 견뎌온······' 하는 식입니다.

실제 브랜드가 그러한 역사를 가지고 있다면 상관없지만,

신규 브랜드를 만들면서 오랜 역사를 가진 것처럼 꾸미는 경우가 있습니다.

스토리를 히스토리로 포장하는 것입니다.

이는 고객에게 잘못된 정보를 주는 것이며,

브랜드의 신뢰를 잃는 지름길입니다.

브랜드 입장에서는 시장에 알려야 할 부분이 많습니다.

브랜드의 전략과 방향, 제품의 용도, 디자인, 기능, 차별화 요인 등을

고객에게 알려야 하는 과제가 있습니다.

그렇다고 이러한 것들을 하나씩 자세히 설명하는 것은 무리가 있습니다.

설명하기도 힘들뿐더러 그렇게 한들

실제 고객은 관심이 없을 것이기 때문입니다.

스토리는 한 번에 모든 것을 해결해줍니다.

브랜드 입장에서는 전달하고자 하는 많은 정보를 스토리를 통해

고객에게 전달할 필요가 있습니다.

스토리는 설명이 필요 없게 합니다.

스토리를 통해서 브랜드의 핵심 가치를 전달할 수 있고,

고객은 핵심 가치를 이해한 뒤 자신에게 필요한지 아닌지를 판단합니다.

물론 잘 구성된 스토리라는 전제조건이 붙지만 말입니다.

여기서 말하는 스토리는 영화나 동화 같은 것이 아닙니다.

고객에게 긴 스토리를 들려주기에는

각각의 취향과 관심이 다르기 때문에 어려운 일입니다.

타깃 고객에게 접근하는 관점을 이야기하는 것이죠.

타깃 고객이 관심을 가지는 이슈들과 브랜드 및 제품이

어필하고자 하는 것을 엮어서

고객이 좀 더 쉽게 이해하고 관심을 갖게 만드는 것을 말합니다.

고객과 소통하는 채널을 이해해야 합니다.

이렇게 스토리가 만들어졌다면. 그다음 단계는 고객에게 전달하는 것입니다.

택배처럼 고객 앞으로 딱 전달해주면 좋은데.

우리가 타깃으로 삼은 고객들의 주소도.

연락처도 모릅니다. 주소 불명의 고객 앞으로 택배를 전달하는 일.

그리고 그 택배를 열어보게 하는 것이 커뮤니케이션의 단계입니다.

인터넷 없는 생활은 상상할 수 없는 시대입니다. 잠시도 손에서

스마트폰을 놓지 못하는 시대입니다.

그리고 SNS를 통해서 정보를 접하고

커뮤니케이션을 하는 시대이죠. 오프라인상에서는

주요 상권이나 사람이 많은 곳에 가서

가망 고객을 만나 설명하고 알리면 되지만,

우리는 스마트한 세상에 살고 있기에

좀 더 편리하게 그리고 효율적으로 고객을 만나러 갈 수 있습니다.

SNS 서비스와 온라인 도구들을 통해서 말이죠.

온라인 커뮤니케이션에는 장점과 단점이 있습니다.

장점은 짧은 시간에 많은 사람을 만날 수 있다는 것입니다.

그만큼 커뮤니케이션의 능력이 중요해집니다.

만일 부정적인 상황이나 소식이 발생하게 된다면,

급속도로 확산되어 치명적인 결과를 가져올 수 있으니까요.

양날의 검인 온라인 커뮤니케이션,

하지만 스토리를 전달하기 위해서는 꼭 필요한 도구입니다.

최근 SNS 채널이 다양해지고 있습니다.

블로그, 페이스북이 SNS에서 중요하다는 것은 사실입니다만,

자신에게 맞는지 판단해야 합니다.

그리고 SNS 채널마다 제각기 특징이 다른데

이를 제대로 이해하고 사용하는 회사는 찾아보기 힘듭니다.

기업에서는 SNS가 저비용 고효율의 채널이니 반드시 진행해야 한다고

마케팅 담당자들에게 강력하게 주문합니다.

정작 마케팅 담당자들도 SNS의 기능을 이해하고 사용하는 수준이

다른 부서의 담당자들과 크게 다르지 않은데 말입니다.

그리고 타깃 고객과 커뮤니케이션이 잘되고 있는지를
숫자로 확인하려고 합니다.
물론 회사 혹은 그 일을 맡은 대행사 입장에서는
정량적인 근거 없이는 결과를 보고할 수 없으니 이해가 됩니다만,
사람과의 관계라는 것이 꼭 숫자로 말할 수 있는 것은 아닌데
'총 몇 명에게 우리 소식을 전했습니다'라는 보고를 볼 때마다
답답함을 느끼곤 합니다.
과연 그중에 우리 타깃 고객은 몇 명이나 있는지,
그리고 우리가 의도한 스토리가 제대로 전달되었는지를
물을 수 없는 상황이니까요.
정작 알고 싶은 것은 따로 있는데,
그 부분을 정량적으로 표현할 방법이 없으니
엉뚱한 숫자만 내세우게 되는 것입니다.
단지 보고를 위한 커뮤니케이션, 타깃 고객과
상관없이 SNS상에서의 다양한 알리기 프로모션에 노출되어 있는
고객들에게 전달된 것은 아닌지, 꼭 생각해보아야 할 부분입니다.

고객이 참여하고 스스로 소문내도록 해야 합니다.
고객과 커뮤니케이션하는 것은 고객에게 브랜드 및 제품의
정보를 전달하기 위한 목적도 있지만,
더불어 고객들이 주변의 지인들에게 입소문을 내게 하는 것도 목적의 하나입니다.
지금까지는 고객들에게 입소문을 내기 위해서

프로모션을 기획하고 고객이

이러한 프로모션을 자신의 친구 또는 지인들에게 알리는 형태였습니다.

우리가 흔히 볼 수 있는 온라인 프로모션의 하나가 브랜드,

제품의 안내 포스터 등을 지인들에게 전달하는 것입니다.

브랜드 입장에서는 브랜드 소식을 프로모션에 참여하는

고객이 자신의 지인들에게 알리는 형태로 확산되기 때문에,

프로모션 참가자 중 몇 사람을 추첨하여

상품을 증정하면 그들이 다른 사람들에게 소식을 전달하였기에

비용 대비 효과가 큰 프로모션 방법이라 판단할 것입니다.

실제 프로모션에 참가한 고객들도 당첨되기를 바라는 마음으로

지인들에게 추천은 했지만 되면 좋고, 안 되면 그만이라는 마음이었을 것입니다.

하지만 여기서 한 번 더 생각해볼 것이,

그렇게 프로모션 참가자들에 의해 소환된,

즉 관심 없는데 추천받은 가망 고객들입니다.

최근 페이스북에서 많이 볼 수 있는 프로모션으로,

이벤트가 있으면 그에 대한 댓글을 쓰거나

친구를 추천하는 것이 있습니다.

나의 의지와 상관없이 태그되고, 나의 타임라인에 관심 없는

소식들이 올라오기 때문에 불편함을 느끼게 됩니다.

친구는 물론이거니와 해당 프로모션을

진행하는 브랜드에 대한 반감마저 생기죠.

입소문으로 소식을 알리는 것은 좋은 방법이지만,

이렇게 억지스럽게, 관심이 없는 사람에게까지 강제로 전달하게 되면

오히려 부정적인 이미지를 줄 수 있습니다.

브랜드 및 제품의 실질 고객들이 관심을 가지고 참여할 수 있는 장을

마련해줄 필요가 있습니다. 고객이 자발적으로 참여하고 감동까지 받는다면,

스스로 전도사가 되어줄 것입니다.

고객이 참여할 수 있는 콘텐츠를 만드는 것이 먼저 이루어져야 하는데,

고객이 참여할 무대는 없고,

브랜드에서 말하고자 하는 것, 보여주고자 하는 것만을

일방적으로 전달하는 것은 진정한 커뮤니케이션이라 할 수 없습니다.

물론 신생 브랜드, 그리고 긴급한 사항인 경우

이렇게 강력하게 푸시Push하는 방법이 필요하기도 합니다.

하지만 고객이 스스로 찾아오게 하는 풀Pull 관점이 필요합니다.

너무 어렵다고요? 간단합니다.

고객에게 물어보고, 고객이 관심을 가지는 것을 찾아보는 겁니다.

그리고 고객이 맘껏 놀 수 있는 놀이터를 만들어주는 것이죠.

흙, 모래가 있는 그런 놀이터 말이죠.

브랜드의 범위 안에서 혹은 콘셉트를 보여줄 수 있는

규모의 놀이터를 만들어주는 것입니다.

온라인에서든 오프라인에서든 고객이 참여할 수 있고,

충분히 즐기고 공감할 거리를 제공해주어야 합니다.

고객이 스스로 알리고자 하는 것에 초점을 맞추어야 합니다.

스토리의 힘

잘 만들어진 스토리는 없는 것도 있어 보이게 하고,

있는 것을 더욱 '~답게, ~스럽게' 보이게 하는 힘이 있습니다.

'없는 것도 있어 보이게' 한다는 표현이 좀 지나칠 수 있지만

이렇게 강점을 더욱 강하게 표현할 수 있는 것이 스토리의 힘입니다.

스토리를 듣는 순간 고객은 상상에 빠지게 됩니다. 스토리를 통해 고객은

더 쉽게 이해하고 상상할 수 있습니다.

뿐만 아니라 우리의 머릿속에 오래도록 기억되는 신비한 힘을 가집니다.

스토리는 우리가 전달하고자 하는

메시지를 잘 담아놓은 한 폭의 그림과도 같습니다.

글로 설명하는 것보다 그림을 보여주면

머릿속에 멋진 그림으로 남게 되는 것이죠.

스토리가 있는 상하이

처음 상하이에서 생활할 때에는 마음이 편하지 않았습니다.

아시아도 아니고, 그렇다고 서양도 아닌 곳으로 느껴졌습니다.

여기가 정말 중국인가 하는 생각이 들기도 했습니다.

그만큼 상하이라는 도시의 정체성에 대해 의문이 들었습니다.

저는 회사와 집을 오가는 게 전부였습니다.

상하이에 있다 보니 지인들이 출장 오거나 한국에서 아는 사람이 놀러 오면

가이드 역할을 하는 일이 자주 생겼죠.

그래도 내가 상하이에서 살고 있는데 가이드를 못하면 안 되겠다 싶어서

회사 선배들에게 묻고, 중국 직원들에게 물어가며 관광 포인트와 레스토랑 등을

알아보았습니다. 상하이 관광 정보를 '네이버'로 검색하기도 했습니다.

상하이의 관광지 예원, 신천지 거리, 타이캉루 거리,

인민광장 보행자 거리, 푸동 금융센터, 쇼핑몰, 중국식 식당, 변검을 보는 식당,

서커스 공연, 와이탄이 제가 보여줄 수 있는 관광 코스였죠.

상하이에서 쓰촨 지방의 변검을?

상하이에서 동북 지방의 음식을? 서커스 관람을? 높은 빌딩숲?

이건 뭔가 어색한 중국이었습니다.

지인들도 그다지 만족스럽지 않은 표정이었습니다.

중국스럽지도 않고, 그렇다고 상하이는 어떻다라고

한마디로 정의해서 보여줄 수 없는

그런 곳이었죠.

사람들은 한국으로 언제 들어오느냐는

인사만 남긴 채 돌아가곤 했죠.

저 또한 답답한 마음이 들었습니다.

제가 경험하고 느끼는 상하이는 이런 이미지가 아닌데,

제대로 소개하지 못했다는 아쉬움이 들었습니다.

그 뒤로는 지인들이 오면 상하이의 대표적인 와이탄에서 동방명주탑을 바라보며

식사하는 것으로 간략하게 마무리 짓곤 했습니다.

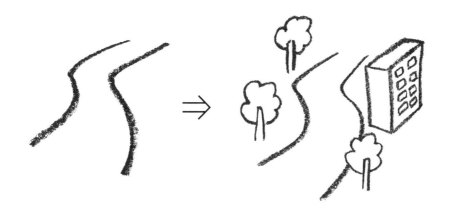

아무것도 없는 길이지만, 스토리를 듣고 나면 나무가 있고 건물이 있는 길로 변화합니다.
이처럼 스토리는 보이지 않던 것을 보이게 하는 힘이 있습니다.
보이지 않는 것을 상상하게 하고, 평범한 것을 특별한 것으로 만들어주는 것이 바로 스토리의 힘입니다.

이후 국경절을 맞이해서 다들 한국이나 혹은 다른 곳으로 여행을 떠날 때

저는 상하이를 제대로 알아보기로 했습니다.

먼저 서점으로 가서 상하이를 소개하는 책을 한 권 샀습니다.

『Shanghai Story walks』라는 제목으로 보건대

혼자 상하이를 돌아다니기에 적합한 책으로 보였습니다.

마치 옆에서 가이드가 이야기를 들려주듯이 재미있게 쓴 책이었죠.

이 책과 함께 상하이를 걷기 시작했습니다.

책은 1900년대 초로 거슬러 올라갑니다.

200~300년 전 상하이 조계지에

무역상들이 붐비던 시대로 돌아가기도 했습니다.

책을 읽다 보니 왜 와이탄에 은행이 많고,

내륙으로 들어갈수록 레스토랑과 극장들이 많은지를 이해하게 되었습니다.

저는 유명한 여배우가 살았던 집 앞에서 팬의

심정으로 방의 창문을 바라보기도 했습니다.

1900년대 초부터 지금까지 거리 이름이 바뀌게 되는 사정도 알 수 있었습니다.

상하이의 고풍스러운 건물들에는

'Heritage Architecture'라는 문구가 건물의 이력을 설명해주고 있는데,

그 건물들의 이력과 함께 과거로 돌아가서

20세기 초의 무역도시 상하이의 관점으로 바라보게 되었죠.

프랑스와 영국의 유명한 건축가들이 상하이에 지었던 건물들,

그 당시 사람들이 주로 만났던 식당과 호텔들……

이것이 상하이구나 하고 깨닫게 되었죠.

조계지에 외국인들이 많이 거주했기 때문에

중국 내 유럽의 도시가 되었다는것을 알게 되었습니다.

그렇게 상하이를 이해하고 바라보니 정말 멋진 도시라고 느껴졌습니다.

'황푸강의 동쪽'이란 뜻의 푸둥浦東은 하늘을 찌를 듯한 빌딩이 가득 들어차 있지만,

과거 조계지였던 황푸강의 서쪽에는 프랑스, 영국의 건축 양식과 향기가 남아 있는

멋진 곳이었습니다. 이후 한국에서 지인들이 오면 상하이에서만 느낄 수 있는

'작은 유럽'이라는 콘셉트로 상하이를 안내하곤 했습니다.

그분들도 블로그에서 보았거나, 지인들에게 들었던 모습과 다른 상하이의 옛 모습과

히스토리를 들으며 만족해하던 기억이 납니다.

이후 과거 조계지로서 상하이와 비슷한 스토리를 가진

톈진天津과 샤먼厦門에 갈 때에도 미리 사전 조사를 하곤 했습니다.

현재 급속도로 발전 중인 도시이지만,

과거 무역항이었던 도시의 모습이 눈에 선하게 그려졌습니다.

이처럼 다른 프레임으로 상하이를 바라보자

새로운 모습으로 다가왔듯이 마케팅에서

스토리의 힘은
고객에게 색다른 안경을 씌워주는 역할을 합니다.

비틀즈의 도시 리버풀

상하이에 과거의 스토리를 입히자 새로운 풍경의 도시로 보였습니다.

이와 비슷한 도시가 있습니다. 영국의 리버풀입니다.

많은 분들은 영국 프리미어리그의 리버풀 축구팀을 떠올릴 것입니다.

리버풀은 영국의 축구 명문 리버풀 구단으로 유명합니다.

리버풀이 어디쯤에 있는지는 잘 모르더라도

누구나 한 번쯤은 들어본 도시일 것입니다.

이런 리버풀도 스토리를 얹으면 정말 멋진 도시로 보이기 시작합니다.

저 역시 그랬으니까요. 제가 봤던 리버풀은

리버풀 FC의 홈구장 안필드 경기장이 있는 작은 항구 도시,

비틀즈의 고향, 이것이 전부였습니다.

하지만 리버풀의 **스토리를 알게 된 후 달리 보이기 시작**했습니다.

정말 매력적인 항구 도시, 지인들에게 꼭 소개해주고 싶은 도시가 되었죠.

저뿐만 아니라 수업을 듣는 친구들 모두 리버풀에 대해서 아는 것은

딱 두 가지였습니다.

축구팀, 그리고 비틀즈.

그러다 점점 리버풀에 대해 해박한 동료들이 나타나기 시작했습니다.

시간이 흐르면서 과거의 스토리가 하나씩 더해지자 리버풀은 정말 멋진 도시로

다가왔습니다. 그리고 졸업할 때쯤에는 다들 쉽게 발을 못 떼며,

가족이나 연인과 함께 꼭 다시 오겠다고 다짐하게 만드는 도시가 되었죠.

리버풀은 비틀스의 고향으로 전 세계 비틀즈 팬들의 메카입니다.

비틀즈가 공연하던 카페와 상점에는 비틀즈 기념품으로 가득합니다.

어느 교수님이 리버풀의 절반은 축구팀,

그리고 절반은 비틀즈라고 이야기하던 것이 실감날 정도였습니다.

리버풀 축구팀 유니폼을 입고 가게에서 비틀즈 기념품을 구매하는

패턴이라고 말이죠. 이제 이야기를 얹어보겠습니다.

영화 〈타이타닉〉 다들 들어보셨죠?

그 타이타닉 배가 건조된 항구가 리버풀입니다.

영국이 대서양 횡단의 꿈을 실현했던 그곳이 바로 리버풀입니다.

조금 더 거슬러 올라가보면, 피에르 드 쿠베르탱이

리버풀에서 열린 그랜드 올림피안 페스티벌 Grand Olympian Festival을 보면서

근대 올림픽 개최의 영감을 받았다고 합니다.

이제 리버풀 축구가 강한 이유를 이해하시겠죠?

영국에서도 노동조합의 힘이 가장 강력한 곳이 리버풀이고,

노동자들의 스포츠에 대한 열정으로 순수 아마추어 정신의

스포츠 축제가 열렸던 도시가 리버풀이라는 사실을 알고 나면

리버풀 축구팀 그리고 경기 때마다 몰려드는 팬들의 열정을 이해할 수 있게 됩니다.

한 가지 더, 조지 스티븐슨 George Stephenson이 발명한 증기기관차가

정기적으로 승객을 실어 나르던 첫 구간이 리버풀–맨체스터였습니다.

지금은 역이 옮겨졌지만

새로 발명된 증기기관차를 타고 여행하는 승객들의 모습을

상상하면, 오래된 역사가 더 중후하고 멋지게 보입니다.

축구팀이 유명한 곳,

비틀즈의 고향인 리버풀에 관한 이야기를 듣고 나면

도시가 달리 보이기 시작합니다.

근대 역사의 한 장면이 탄생한 곳,

근로자들의 열정이 넘쳐났던 도시로 다시 다가오는 것이죠.

이렇듯 **<u>스토리는 있는 것을 더욱 값지게,</u>**

<u>그리고 보이지 않던 것을 보게 해주는 신비한 힘</u>을 갖고 있습니다.

3개의 포인트 (히스토리·이슈·크리에이션)

이제 이런 스토리를 브랜드에 어떻게 접목하는지를 알아보겠습니다.

스토리의 힘은 알겠는데, 그렇다고 없는 히스토리를

만들 수도 없는 노릇이고, 또 있는 그대로 표현하자니

스토리가 빈약합니다.

마케터는 항상 이 부분에 대해서

어려워하고 뭔가 강력한 한 방을 갈망하게 됩니다.

브랜드에서 스토리를 갖고

고객과 커뮤니케이션하는 구조를 만들어보았습니다.

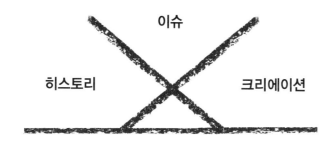

스토리는 크게 세 가지로 구성됩니다. 과거의 스토리, 현재의 스토리, 미래의 스토리 입니다.
과거의 스토리는 역사를 의미하며, 현재의 스토리는 현재 핫한 이슈를 설명할 수 있습니다.
그리고 미래의 스토리는 함께 만들어가야 할 이야기입니다.

브랜드에서 전달하는

스토리를

히스토리(헤리티지),

이슈,

크리에이션으로

구분해보았습니다.

이 세 가지가 화살표 방향으로 진화한다고 볼 수 있습니다.

히스토리로 브랜드를 대변합니다.

스토리를 전개하는 데 가장 많이 사용되는 부분입니다.

브랜드의 역사를 설명해주는 것이죠.

'○○년 전통의', '어디에서 온', 많이 들어본 표현입니다.

이렇게 역사를 표현하는 방법은 고객의 머릿속에

그 지역의 이미지가 투영되어 브랜드·제품을 더 쉽게 이해하게 하고,

역사가 오래될수록 품질에 대한 신뢰감을 심어줍니다.

굳이 부가설명이 없더라도 고객이 제품을 쉽게 인식할 수 있습니다.

새로운 시계 브랜드를 판매하면서 밴드는 무슨 가죽을 썼고,

무브먼트는 어느 나라의 제품을 썼으며,

디자인은 누가 했는지를 장황하게 설명해보아야 고객은 쉽게 인지하지 못합니다.

하지만 '100년 전통의 스위스 시계'라는 표현이면 모든 것이 해결됩니다.

이렇게 간단하면서도 임팩트 있게 설명할 수 있다는 것이

히스토리(헤리티지)의 힘입니다. 패션 산업을 예로 들겠습니다.

옷이나 신발은 이탈리아 제품이 유명합니다.

이탈리아 브랜드가 드디어 한국에 론칭했습니다.

고객들은 이탈리아 브랜드라는 수식어만 듣고도

긍정적인 이미지를 상상하게 됩니다.

디테일한 마감, 좋은 원단과 착용감,

그리고 가죽을 잘 사용한 고급스러운 콘셉트로 받아들이는 것입니다.

신규 패션 브랜드는 '이탈리아에서 영감을 받았다',

'이탈리아에서 시작했다'는 것을 유독 강조하는 경향이 있습니다.

이탈리아에는 작은 브랜드들이 많은데,

이를 대중화하여 론칭한 브랜드는 100년에 가까운
역사를 추가적으로 설명하여 정통성을 강조하기도 합니다.
우리는 이러한 과정을 익히 알면서도 이탈리아 패션 브랜드라고 하면
국산 브랜드보다 세련되고 고급스러울 것이라는 포지셔닝을 하게 됩니다.
실제 디자인과 품질을 경험하기 전에 이미 이탈리아 패션에 대한 이미지가
우리 머릿속에 자리 잡고 있기 때문입니다.

이슈로 입소문 콘텐츠를 만듭니다.
최근 이탈리아나 영국 등의 패션 브랜드들이 대중화되면서
고객이 별다른 감흥을 느끼지 못하게 되었습니다.
이제 다음 단계는 이슈 메이킹을 하는 것입니다.
헤리티지를 갖고 있는 브랜드 자원들이 많이 시장에 나오다 보니
이제는 더 이상 헤리티지와 과거의 스토리로 호소하는 데 한계가 있기 때문입니다.
다음 단계로 사용하는 것이
광고 및 PPL Product Placement Advertisement 입니다.
가수, 스포츠 스타, 배우 등의 유명세를 활용하여 브랜드를 알리는 것입니다.
입소문으로 충분히 널리 전파할 수 있기 때문에 많은 브랜드들이
이용하는 방법입니다. 이슈를 만들어주는 것이죠.
하지만 이 시장도 과열되어 광고 비용이 너무 많이 들다 보니
점점 다른 이슈를 만들기 시작합니다.
스타들이 외국으로 나갈 때 제품을 노출하여 보여주는 '공항 패션'이란 장르가
탄생하기도 했습니다. 방송이 아닌 일상생활로까지 범주를 확장한 것입니다.
하지만 시간이 지나면 이런 방법도 고객의 학습 효과로 인해

반응이 약해질 수밖에 없습니다. 스타들의 공항 패션을 PPL로 인식하게 된 것이죠.

연예인들이 일상생활 속에서 착용한 제품에 대한 관심이

이제는 광고로 인식되면서 반응이 식어가고 있는 것입니다.

물론 이슈 메이킹이 필요합니다.

하지만 이 또한 고객과 쌍방향 소통이 되는 것은 아닙니다.

고객에게 브랜드에서 만든 이슈를 전달하는 것으로서

고객은 이를 선별적으로 받아들이게 됩니다.

신규 브랜드 및 기존의 브랜드가 가장 많이 사용하는 알리기 방법의 하나입니다.

'누가 입었다더라', '어디에 나온 제품이다'라는 식으로 고객에게 인지시키기 위한

이야깃거리를 만드는 것입니다.

이것은 브랜드를 임팩트 있게 확산하기 위해서는 꼭 필요한 부분입니다.

이슈를 만들어 확산시키는 것은 알리기의 중요한 부분이니까요.

하지만 이 방법이 너무나 흔하고, 경쟁사 역시 동일한 방법을 사용하다 보니

고객 입장에서는 차별화된 느낌을 받지 못합니다.

고객이 그러한 뉴스와 광고에 너무 많이 노출되다 보니

더 이상 반응하지 않는 현상이 나타나는 것이죠.

우리 스스로 생각해봐도 그렇지 않을까요?

처음에 그런 PPL 광고가 나왔을 때는 강하게 반응하고

주변 사람들과 이야기했지만, 이제는 '아, 저건 광고겠구나' 하면서 넘어가곤 합니다.

고 객 에 게 임 팩 트 있 는 스 토 리 전 개 가 필 요 해 진 것 입 니 다 .

고객이 참여하여 스토리를 만들어갑니다

히스토리를 가지고 스토리를 구성하는 것,

그리고 이슈를 만들어 스토리를 만드는 것,

그다음엔 어떤 것이 필요할까요?

앞의 두 가지 방법은 브랜드 중심에서

고객에게 정보를 전달하는 것이었습니다.

고객이 이해하기 쉽게 브랜드에서 말하고자 하는 정보를

압축하여 전달하는 것이었죠.

하지만 이조차도 많이 사용되다 보니 다들 식상해하고

심지어 거부 반응을 보이기도 합니다.

이제는 고객과 함께 스토리를 만들어가는 것이 필요합니다.

고객이 주체가 되어 브랜드의 스토리를 함께 만들어가는 것이죠.

이렇게 된다면 고객 스스로 브랜드를 알리는 전도사가 될 것입니다.

스스로 참여하고 즐겼기 때문에 더욱 진정성 있는 어필을 할 수 있게 됩니다.

광고나 유명인의 모습을 보고 받아들였던 브랜드를

이제는 스스로 체험해보고 그 경험을 나누는 단계입니다.

이것은 꼭 제품의 사용을 의미하는 것이 아닙니다.

브랜드의 철학과 방향을 고객들도 함께 공유하는 것입니다.

고객이 직접 참여하고 경험하게 한다면 이보다 값진 이야깃거리는 없을 것입니다.

그리고 브랜드는 브랜드 내부에서 만들어지는 것이 아닌,

고객과 소통하며 만들어지는 것이기 때문입니다.

이 부분은 앞으로 마케터들이 더 고민하면서 만들어나가야 할 것입니다.

고객과 함께 이야기를 만드는 것을 잊지 말아야 합니다.

한 번에 인식되는 내셔널리티의 파워

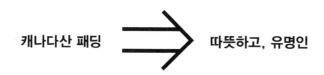

국가별로 떠오르는 이미지가 있습니다.

특히 지리적인 위치에 의해 많이 좌우되곤 합니다.

남극과 북극, 아프리카 지역 등을 떠올리면

기후 조건이 다르다는 것을 생각할 수 있습니다.

그리고 이런 지역에서 만들어진 브랜드라 하면

지리적인 특성, 생활, 문화적인 요인들이 반영된 것으로 받아들이게 됩니다.

지리적인 특징 외에도 국가의 이미지 또한 브랜드에 반영됩니다.

예를 들면 독일 브랜드는 정교하고 디테일하면서

튼튼할 것 같고, 프랑스 하면 예술적이고 감각적일 것 같습니다.

최근 한국에서 큰 인기를 끌었던 '캐나다 구스 CANADA GOOSE'라는 브랜드

역시 지역적인 이미지가 한몫을 했습니다.

그런데 한편으로는 꼭 그렇게 비싼 옷을 입어야 하나 하는 생각이 듭니다.

도심에서 밖에 있는 시간은 그리 길지 않고,

아무리 추워도 영하 20~30도 아래로 떨어지는 것도 아닌데

그렇게 비싼 옷을 입어야 하는지에 대한 의문이 들 것입니다.

물론 실용적인 측면에서는 어찌 보면 과한 제품일 수 있습니다.

그럼에도 캐나다 구스라는 브랜드는 겨울에 따뜻함을 주는 상징적인 이미지가

강하기 때문에 열광하고 찾게 되는 것입니다.

캐나다 구스라는 브랜드 이름부터 더 이상 설명이 필요 없게 느껴집니다.

캐나다는 북아메리카에서 미국 위쪽에 위치한 나라이고,

그런 추운 곳에서 만든 구스다운이라면

따뜻하게 잘 만들었을 것이라는 생각이 듭니다.

이렇게 **브랜드의 국적은 고객에게 자세히 설명하지 않아도 인식될 수 있는 힘**을

가지고 있습니다. 게다가 브랜드의 스토리를 펼쳐놓으면

고객의 인식 사다리는 점차 높아질 것입니다.

캐나다 구스는 디자인이 세련되지도 않고 도시적이지도 않습니다.

하지만 캐나다에서 제작하는 의류 브랜드로 캐나다 구스의 핵심인

다운 역시 캐나다산이라는 것을 강조하고 있습니다.

고객 입장에서는 이 부분을 상대적으로

저렴한 다운재킷보다 높이 평가하게 됩니다.

그리고 극한의 추위를 견뎌야 하는 극지방 탐험가나 등반가,

기타 스태프들이 입은 모습을 보여주면서

제품의 기능적인 측면을 강조합니다.

또한 할리우드 스타들과 유명한 정치인들이 겨울에 캐나다 구스를

입은 모습이 노출되면서 브랜드 가치가 더욱 올라가게 됩니다.

캐나다 구스의 "아는 사람에게 물어보라 Ask anyone who knows"는 태그라인이

브랜드의 자신감을 보여줍니다.

이렇게 캐나다 구스는 스토리가 더해질수록 브랜드 가치가 더욱 올라가게 됩니다.

캐나다는 겨울에 영하 30도 아래로 떨어지는 몹시 추운 나라라는

이미지 외에도 많은 의미를 함축하고 있습니다.

캐나다의 경제적인 수준까지 브랜드에 투영되어 우리에게 다가오는 것이죠.

스토리는 죽은 브랜드를 살리기도 합니다.

중국 상하이의 국민 운동화 ➡ 프랑스의 감각적인 스니커즈

최근 국내에 소개된 브랜드 중에 브랜드의 국적이 바뀐 예가 있습니다.

상하이에서 스포츠 브랜드 조사를 하면서

많은 신발 편집 가게들을 접할 수 있었습니다.

해외의 유명 스니커즈들을 볼 수 있는 좋은 기회였죠.

그중 저렴하면서 눈에 띄는 신발이

있어서 매니저에게 물어보니 상하이의 로컬 브랜드라고 알려주었습니다.

페이유에 Feiyue 라는 브랜드였습니다.

그 즉시 한 켤레를 사서 신고 돌아다녔던 기억이 있습니다.

상하이의 국민 운동화라 불릴 정도로 상하이 사람이라면

누구나 다 아는 그 신발이 국내에 프랑스 국적으로 소개된 적이 있었습니다.

작년 서울 가로수길에 생긴

팝업스토어에서 프랑스 스니커즈 브랜드로 소개하며

패밀리 세일을 하는 것을 보았습니다.

의아해서 살펴보니,

상하이의 로컬 브랜드였던 페이유에를 프랑스인

파트리스 바스티안 Patrice Bastian이 2006년도에

새롭게 디자인해서 재론칭한 것이었습니다.

평범했던 신발이 새롭게 디자인되면서

프랑스의 멋진 스니커즈로 재탄생하게 된 것이죠.

상하이에서 만난 편집숍 매니저의 이야기도,

그리고 가로수길에서 만난 브랜드의 설명도 모두 맞는 것이었습니다.

시간의 명시만 없었을 뿐이죠.

프랑스의 기업가가 중국의 로컬 브랜드를 새롭게 디자인해서 구축한

페이유에는 엘르 ELLE 잡지에 2년 동안 네 차례나 소개되는 등

유럽에서 조명을 받으며 성장한 브랜드입니다.

파트리스 바스티안이 상하이에서 페이유에를 발견하지 못했다면,

어쩌면 페이유에는 아직도 상하이의 국민 브랜드로 남아 있었을 것입니다.

디자인을 새롭게 한 것도 큰 효과가 있지만,

프랑스 브랜드로 소개되면서 재조명되어 명성을 얻게 된 것입니다.

프랑스 국적의 브랜드로 바뀌었지만 오랜 세월 상하이의

역사와 함께 한 스토리가 오히려 브랜드의 깊이를 더해주었습니다.

구매를 통한 사회 공헌 활동을

스토리 ⟹ 나의 구매 = 1켤레 선물

브랜드의 내셔널리티를 통해서
고객에게 인식의 사다리를 제공해주는 것이 있는 반면,
브랜드의 비전을 스토리로 전하면서
소비자와 함께 만들어가는 브랜드가 있습니다.
탐스^{Toms}는 소비자가 **신발 한 켤레를 구매하면 빈민가의 아이들에게
한 켤레의 신발이 기부**되는 시스템을 운영하고 있습니다.
소비자들은 자신의 신발을 구매한 것이지만
실제로는 신발 한 켤레를 어려운 아이들에게 기부한 것입니다.
소비자의 구매 행위가 어려운 사람을 돕는 일임을
스토리로 설명해주고 있습니다.
이 이야기는 『탐스 스토리』라는 책에도 잘 설명되어 있습니다.
탐스는 디자인과 편안함뿐만 아니라
사회 공헌을 한다는 스토리까지 담고 있어
소비자에게 구매의 이유를 제공해주고 있습니다.
탐스 신발 한 켤레를 살 때
고객은 가난한 아이에게
신발을 선물하고 있는 것이 됩니다.

탐스는 나눔을 실천하는 신발이라는 스토리텔링으로
새로운 기부 공식을 제시한 것입니다.
탐스의 슬로건은 '내일을 위한 신발 Shoes for tomorrow'입니다.
신발을 구매하는 소비자들에게 더불어 사는 삶,
나눌수록 행복해지는 삶을
실천하는 브랜드가 된 것입니다.

브랜드의 비전을 스토리로 전한다

역사는 짧지만 앞에서 소개한 브랜드들과 다른 방향으로 스토리를
전개하는 브랜드가 있습니다. 스베누 SBENU는 작년에 많은 인기를 끌었던
스니커즈 브랜드입니다. 스베누의 신발 디자인은 기존의 신발 디자인과
다른 다소 파격적이라는 의견이 나올 만큼 SNS에서 이슈가 되기도 했습니다.
국내 브랜드인 스베누는 브랜드의 콘셉트를 스토리화하기보다는
스베누 대표자의 도전하는 의지가 브랜드의 스토리에 담겨
도전하는 젊은 브랜드로 인식되고 있습니다.
스베누의 대표 황효진은 인터넷 방송의 BJ라는
이색적인 경력과 인생 스토리로
젊은 세대에게 도전과 혁신의 아이콘이 되었습니다.

또한 스베누가 국산 브랜드라는 점,

국내 생산을 주요 강점으로 내세워

다른 브랜드와 차별화하고 있습니다.

스베누는 타깃 고객인 20대를 가장 잘 이해하고

소비자가 원하는 방향을 잘 읽은 것입니다.

인기 있는 아이돌 가수들을 모델로 기용하기도 했지만

20대가 좋아하는 요인들을 잘 반영함으로써

고객이 원하는 신발을 만드는 브랜드로 인식되고 있습니다.

브랜드의 오랜 전통을 강조하는 것도 아니고,

그렇다고 다른 사람들과 나누는 가치를 내세우는 것도 아닙니다.

그보다는 브랜드가 추구하는 미래상을

타깃 고객에게 호소하며 급성장하고 있습니다.

신조어를 통한 브랜드 설명

'서울리스타 Seoulista'를 아시나요?

아모레퍼시픽에서 마케팅에 사용한 '서울 여성'이란 뜻의 신조어입니다.

파리에 파리지엔 Parisienne, 미국에 뉴요커 Newyorker, 런던에 런더너 Londoner가 있다면

서울에는 서울리스타가 있다는 것이죠.

서울리스타라는 표현으로 모든 것을 함축적으로 보여주는 신조어입니다.

'서울 여성'은 한국의 뷰티를 가장 잘 대변하는 여성이라는 의미를 갖고 있는 것이죠.

서울리스타라는 단어를 통해서 서울의 역동적이고 도시적인 이미지

그리고 현대 서울 여성의 감각을 보여주게 됩니다.

'서울리스타'에 아모레퍼시픽의 헤라 HERA 브랜드의 정체성과 방향

그리고 트렌드까지 모두 담아낸 것입니다.

브랜드·제품에 대해 자세히 설명하기보다 서울리스타라는 단어 하나로

더 강력한 전달 효과를 노린 것입니다.

고객에게 전달하고자 하는 메시지를 스토리에 담으면

더 효과적으로 전달할 수 있습니다.

스토리는 각각의 정보를 개별적으로 제시할 때보다

쉽게 전달할 수 있고 오래도록 기억에 남길 수 있습니다.

이런 스토리의 힘은 고객이 상상할 수 있는 여지를 줍니다.

고객의 머릿속에서 스토리는 생명력을 갖고 움직이게 되는 것입니다.

안 보이던 것도 보이고, 있는 것도 더 있어 보이게 만드는 것이

바로 스토리의 힘입니다.

이를 알기에 브랜드에서는 새로운 스토리를 만들기 위해 노력하고 있습니다.

대표적으로 히스토리를 이용하는 것을 쉽게 볼 수 있습니다.

오랜 역사와 전통을 가진 브랜드로서 이야기할 거리를 갖추는 것이죠.

그리고 히스토리 외에

스타를 활용한 PPL 등도 이야깃거리를 만드는 데 주요한 방법으로

활용되고 있습니다. 유명 연예인이 애용하는 제품이라는 사실만으로도

더 이상 세부적인 설명이 필요 없는 홍보 메시지가 되기 때문입니다.

하나의 스토리로 모든 것을 해결하는 큰 힘을 갖고 있습니다.

커뮤니케이션하는 방법

고객에게 전달할 스토리가 준비되었다면

이제 살펴볼 것은 **고객에게 전달하는 과정**입니다.

잘 준비된 스토리를 고객에게 어떻게 전달해야 할까요?

고객들을 모아놓고 들려줄까요?

아니면 이런 이야기를 듣고 싶은 사람만 오라고 할까요?

그것도 아니라면 아무나 듣기를 바라며 여기저기 이야기를 하면 될까요?

이 부분에 대해서 마케터는 많은 고민을 할 것입니다.

어떻게 커뮤니케이션해야 유효한 결과를 얻을 수 있을지

항상 고민하지만 명쾌한 답을 얻기란 쉽지 않으니까요. 그 이유는 무엇일까요?

첫 번째,
고객이 정확하게 정해지지 않았기 때문입니다.

새로운 정보를 전달하고자 할 때 어느 고객군을 대상으로 할지를 정해야 합니다.

누구에게 이 소식이 필요할지를 말이죠.

대부분 브랜드·제품의 타깃 고객이 있습니다.

그들에게 필요한 정보를 제공해주게 되는데요.

제공할 대상을 고려하다 보면 메인 대상, 2차 대상,

그리고 3차 대상까지 생각하게 됩니다.

전달할 콘텐츠가 준비되어 있으니 많은 사람들에게 알릴수록 좋다는

'다다익선'의 자세인 것이죠.

네, 많은 분들이 알수록 좋습니다.

하지만 **전달하는 시기와 방법이**

과연 타깃 고객에게 최적화되었는지를 고민해야 합니다.

우선순위를 정하여, 타깃 고객을 가장 먼저 고려하는 것이 필요합니다.

타깃 고객에게 메시지를 제대로 전달한 후에 대상 영역을 확장해도 늦지 않습니다.

그리고 타깃 그룹별로 전달해야 하는 정보를 최적화하는 과정도 필요합니다.

콘텐츠를 제작하여,

다른 타깃 그룹에게도 전달하면 콘텐츠 제작 비용 대비 효과가

클 것이라고 판단하기 쉬운데,

타깃 그룹별로 눈높이를 맞추어 그에 맞게 수정하는 과정이 필요합니다.

고객은 정보 내용뿐만 아니라 그것을 포장하고 표현하는 감성적인

측면 또한 중요하게 여기기 때문입니다.

두 번째,
고객이 소통하는 방법을 제대로 이해하지 못하고 있기 때문입니다.

타깃 고객이 선정되었고, 고객에게 전달할 정보 콘텐츠가 준비되었다면

이제 전달하는 일이 남았습니다. 어떻게 전달해야 효과적일까요?

물론 회사 입장에서는 비용 대비 효율성을 무시할 수 없습니다.

그리고 고객의 입장에서는 부담되지 않는 방법으로 전달받기를 원합니다.

많은 사람들이 고객의 정보 습득 패턴을 이용한 알리기가

가장 효과적이라고 생각할 것입니다.

온라인에서 키워드를 검색했을 때 노출되는 형태가 어찌 보면

비용 대비 효과가 가장 높다는 결론을 내리게 됩니다.

그리하여 대다수의 브랜드들이 집중하는 부분이 온라인 바이럴 마케팅입니다.

인터넷을 통해 빠른 확산을 기대하는 것이죠.

파워 블로거들을 통해서 새로운 브랜드·제품, 프로모션 등을 소개하고,

이에 대한 고객의 반응을 기대하게 됩니다.

초기에는 매우 효과적이었습니다.

하지만 블로그와 기타 온라인 바이럴 채널들이 상업화되어 있고,

상업적인 목적으로 게시되는 사례들이 뉴스에 나오면서

고객들은 온라인 정보를 그대로 수용하지 않게 되었습니다.

즉 정보를 신뢰하기보다는 상업적인 광고로 인식하게 된 것이죠.

고객들은 이미 다양한 SNS 채널을 통해 정보를 유입하고 있습니다.

블로그 외에 페이스북,

카카오스토리 등을 통해서 정보를 공유하고 있습니다.

고객들이 주로 사용하는

채널과 그 채널의 특징을 활용하는 것이 필요합니다.

고객들도 이제는 다양한 SNS 채널 중에서

자신의 목적이나 스타일에 맞는 채널을 이용하기 때문입니다.

세 번째,
커뮤니케이션 채널의 특성을 잘 활용하지 못하고 있기 때문입니다.

SNS 서비스는 일상생활에서 빠질 수 없는 중요한 네트워크 매체가 되었습니다.

많은 기업들이 블로그를 통해 홍보를 하다가

트위터와 페이스북을 통해서 홍보를 하기 시작했습니다. 트위터는 확산 속도가 매우

빠르다는 이점이 있어 많은 기업들이

홍보 수단으로 활용해왔습니다.

하지만 트위터는 140자라는 한계,

그리고 타임라인에서 지속적으로 아래로 내려간다는 점 때문에

쉽게 잊힐 수 있습니다. 해시태그로 나중에 다시 찾아볼 수 있지만,

유명인이나 주요 이슈가 아닌 한 따로 검색하는 고객은 그리 많지 않을 테니까요.

그리고 트위터 운영자는 24시간 깨어 있어야 하는데,

초기에 트위터 운영 담당자는 대부분 회사 직원들로,

업무 시간에 틈틈이 글을 올리는 수준이었습니다.

SNS는 일방적인 광고가 아니라

고객과 소통하는 것이라는 점을 간과한 행위입니다.

고객의 멘션에 답을 해주어야 살아 있는 관계가 형성되는 것이죠.

하지만 SNS의 기대 효과를 정확히 측정하기 어려운 상황에서

전담 직원을 여러 명 두기에는 기업의 부담이 클 수밖에 없습니다.

많은 사람들이 이용하는 페이스북도

기업이 고객과 소통을 하는 곳입니다.

하지만 고객의 반응은 페이스북을 접했던 초기와 달리

반응이 약해지고 있습니다.

기업의 페이스북은 주로 브랜드·제품의 소식과

프로모션을 알리는 채널로 인식되고 있습니다.

고객도 이러한 기업의 목적을 이해하고

단순한 정보 유입의 창구로 인식하는 경향이 있습니다.

인격을 부여해서 소통한다기보다는

정보를 받아보고 이벤트에 참여하는 정도에 그치는 것이죠.

고객은 SNS를 통해서 소통하기를 바라지만

브랜드의 블로그, 트위터, 페이스북 모두 일방향적인 소통을 지향하고 있어

자연스레 고객과의 소통에서 멀어지고 있습니다.

최근 인스타그램과 핀터레스트 등의 채널로 대중의 관심이 옮겨가고 있어
이러한 채널들에 대한 이해와 활용이 필요합니다.

이렇게 SNS 채널들이 변화하고 있고,

고객의 관심도 끊임없이 이동하기 때문에,

브랜드 입장에서도 각 채널의 변화와 특징을 이해하고 적용해야 합니다.

단순히 마케팅·영업부서 직원에게 맡기는 것으로 그쳐서는 안 됩니다.

SNS 채널을 잘 이해하고 사용자의 목적과 패턴을 분석한 후

전략을 수립할 필요가 있습니다.

바이럴 마케팅 대행사에 맡겨 채널을 운영하더라도 마찬가지입니다.

단순히 네이버 검색의 노출,

페이스북의 '좋아요' 건수를 올리는 것이 목적이라면

결과는 나오겠죠.

물론 그것도 의미 있는 결과물일 것입니다.

하지만 한 번 더 고객의 입장에서 생각한다면,

브랜드의 타깃 고객에게

콘텐츠가 제대로 전달되는지를 생각해야 합니다.

아무리 종심으로 깊게 들어간 채널이 아닌,

횡적으로 다수의 사용자들에게 알리는 것이 목적이라 해도,

정작 브랜드의 타깃 고객들에게 전달되었는지,

타깃 고객의 반응은 어떠했는지를 확인하는 것이 더 중요합니다.

‘좋아요’ 수와 브랜드의 매출 실적은

별개로 움직이는 온라인 마케팅이 너무나 많아지고 있습니다.

단기간에 드러나는 검색 엔진의 노출이나 ‘좋아요’ 수는 많더라도,

고객이 어떻게 받아들였고, 어떠한 부분을 필요로 하는지를 모른다면

아무 의미가 없습니다. 아무리 브랜드에서 심혈을 기울여 제품·서비스를

만들고 제공한다고 해도 고객은 브랜드의 의도와 다르게 받아들일 수 있습니다.

또는 실제 사용하는 입장에서 이 부분은 수정되었으면 하는 바람이 있을 것입니다.

이러한 부분을 빠르게 수용하여 소통하는 모습을 보여준다면,

고객이 내용을 스스로 전달하게 될 텐데 하는 생각을 하게 됩니다.

결과는 조금 늦게 나타날 수 있지만.

더 유용하고 값진 바이럴 마케팅이 될 수 있습니다.

스마트폰이 대중화되고 SNS 채널이 우리 삶에 깊숙이 자리 잡은 시대입니다.

SNS 채널을 통한 고객과의 소통이 기본이자 필수가 되었습니다.

하지만 SNS는 다양한 모습으로 진화하고 있습니다.

변화하는 SNS에 대해 이해하고 채널별 특성을 잘 활용해야

좀 더 질 높은 커뮤니케이션을 할 수 있습니다.

디지털 시대에 소비자와 커뮤니케이션하는

대표적인 방법으로 SNS 채널을 통한 커뮤니케이션을 떠올릴 수 있습니다.

하지만 인터넷 시스템의 발달과 디지털 시대의 특성상

SNS 채널의 패러다임 또한 빠르게 진화하고 있습니다.

마케터는 이러한 변화를 인지하고

그 중심에서 고객과 소통할 수 있는 SNS 전략을 마련해야 합니다.

소비자들과의 커뮤니케이션을 통해, 소비자들의 생활을 이해하고

그들의 감추어진 니즈를 꺼낼 때 가치 있는 제품·서비스가 나올 수 있습니다.

커뮤니케이션 패러다임의 변화

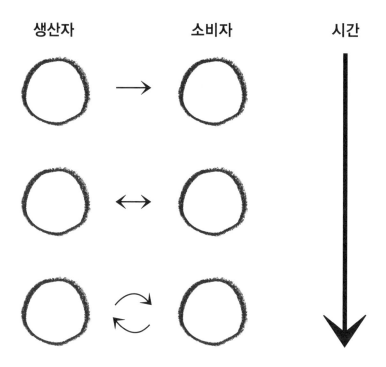

시간의 흐름에 따라 생산자(공급자)와 소비자의 커뮤니케이션은 변해왔습니다.
생산자(공급자) 중심의 커뮤니케이션에서 점차 상호 간에 의견을 구하는 쌍방향 커뮤니케이션이 되었습니다.
최근에는 쌍방향에서 한 단계 더 나아가 상호작용을 하는 커뮤니케이션으로 진화하고 있습니다.

SNS 패러다임의 진화를 좀 더 쉽게 이해하기 위해서

먼저 생산자와 소비자 사이의

커뮤니케이션 패러다임의 변화를 살펴보도록 하겠습니다.

커뮤니케이션 패러다임은 크게 3단계로 구분해볼 수 있습니다.

과거 산업혁명 이후 생산자와 소비자의 관계가 공급자 중심의 소통,

다시 말해 생산자로부터의 일방향 커뮤니케이션이었다고 한다면,

이후 소비재 시장이 발달하면서 생산자가 소비자의 의견에 귀를 기울이고

니즈를 반영한 것은 **쌍방향 커뮤니케이션**이라 할 수 있습니다.

마지막으로 지금은 생산자와 소비자가 의사소통하는

상호작용의 커뮤니케이션으로 요약할 수 있습니다.

상호 커뮤니케이션이 중시되는 요즘, SNS는

꼭 필요한 채널이자 소통의 도구입니다.

스마트폰이 대중화되면서 휴대전화를 대하는 우리의 태도 또한 달라졌습니다.

불과 몇 년 전만 하더라도 미팅할 때

휴대전화를 테이블 위에 올려놓는 것은 상상할 수 없는 일이었습니다.

진동으로 해놓고 주머니에 넣었는데 혹시라도 울리면

눈치껏 나가서 전화를 받던 시대가 있었죠.

지금은 미팅하는 자리에서 스마트폰을 당당히 테이블 위에 올려놓습니다.

그래도 나무라는 사람은 아무도 없을 것입니다.

그만큼 시대가 달라졌고 스마트폰이 우리 삶 깊숙이 파고들어와 있습니다.

이렇게 큰 비중을 차지하는 스마트폰이

커뮤니케이션의 중요한 도구로 인식되고 있습니다.

국내 SNS 패러다임의 진화

SNS는 현대 사회의 마케팅에서 중요한 의미를 지니고 있습니다.

SNS는 사람들의 커뮤니케이션을 원활하게 해주는 기능을 하면서

매우 큰 영향을 미치고 있습니다.

SNS 채널의 변화 또한 세대별로 다르게 나타납니다.

인터넷 기술을 바탕으로 발달한 우리나라의 SNS **패러다임의 변화**를

크게 세 단계로 나누어보았습니다.

이러한 접근을 통해

고객의 커뮤니케이션의 장場의 변화와,

고객의 커뮤니케이션 변화를 이해할 수 있습니다.

첫 번째,

오프라인 기반의 사회적인 관계가 온라인으로 유입되는 단계입니다.

많은 사람들이 경험해보았을 텐데요,

1990년대에 유행했던 동창회 온라인 커뮤니티였던

'아이러브 스쿨'과 2000년대 초반 지금의 페이스북과 같은 기능을 했던

'싸이월드'가 대표적인 예입니다.

오프라인 중심의 관계를 온라인으로 끌어들여 유지하는 단계였죠.

두 번째는 2000년대 후반에 시작된 **불특정 다수와의 소통**이

온라인에서 이루어지는 단계입니다.

블로그, 트위터, 페이스북 등이 이에 해당하는 프로그램입니다.

정보의 공유 및 소통의 중심이 SNS 채널로 이동하게 되었습니다.

세 번째 단계는 **소셜 큐레이션** Social Curation 입니다.

온라인상에서 정보를 선택,

수집, 공유함으로써 공통의 관심사와 정보를 가지고

좀 더 깊게 교류하는 것입니다.

기존의 SNS 채널들과 달리 관계의 폭은

제한적이지만 더 깊이 있는 선별된 정보를 공유하는 것입니다.

SNS상에서 이루어지는 타인과의 관계,

그리고 정보의 선별 기능을 갖춘 **네트워크 형태**라 할 수 있습니다.

이러한 유형의 대표적인 SNS 채널은 보드에

관심사를 스크랩할 수 있는 핀터레스트 Pinterest,

해시태그로 주요 콘텐츠를 검색할 수 있게 구성된

이미지 중심의 인스타그램 Instagram 을 들 수 있습니다.

둘 다 관심 있는 정보를 중심으로 교류하는 형태입니다.

이들 고객은 일반적인 횡적 관계에서 벗어나서

자신이 원하는 정보를 얻고 공유하는 것을

지향한다는 특징이 있습니다.

버티컬 SNS

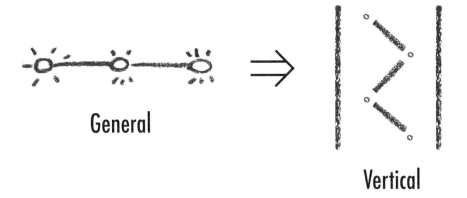

General

Vertical

기존의 일반적(general)인 소셜미디어 채널은 횡적인 관계를 유지했습니다.
일상생활의 소식을 접하고 뉴스를 공유하는 형태였습니다.
버티컬(vertical) SNS는 기존의 횡적인 관계에서 벗어나서 종적인 관계를 형성합니다.
공통의 관심사를 가진 사람들이 정보를 공유하는 형태입니다.

이러한 SNS 패러다임의 진화에 맞추어

현재 시장에서 일어나는 변화를 비교해보겠습니다.

수많은 SNS 채널이 등장하여 다양한 용도로 사용되고 있습니다.

현재 국내 시장의 대표적인 SNS 채널은 블로그와 페이스북입니다.

SNS의 세계적인 흐름에 비추어본다면

곧 더 많은 SNS 채널이 국내 스마트폰 사용자들을

만나게 될 것입니다. 현재의 SNS 커뮤니케이션이 횡적인 관점,

즉 수평적인 관계를 바탕으로 안부를 묻고 소식을 전하는 등의 역할을 했다면,

앞으로는 사용자의 주요 관심사에 대해 더 심도 있는 이야기,

정보를 나눌 수 있는 채널들이 등장할 것입니다.

종심으로 깊게 들어간다고 하여 **버티컬** vertical **SNS**로 구분합니다.

바로 이 시대를 대변하는 SNS 유형이라 볼 수 있습니다.

이는 특정 분야에 대한 공통의 관심사를 중점적으로 공유하는 SNS 형태로,

기존의 블로그, 트위터, 페이스북 등의

다양한 정보와 자유로운 전달의 기능과 대조적으로

협소한 관계를 맺지만 특정 정보와

관심 사항에 대해서는 더 심도 있는 교류를 추구합니다.

소셜 큐레이션 서비스 핀터레스트

버티컬 SNS의 대표적인 채널은
핀터레스트와 인스타그램입니다.
2010년에 서비스를 개시한 핀터레스트는
아직 한국 시장에서는 친숙하지 않지만
외국에서는 최단기간에 성장하여

페이스북,

트위터,

링크드인과

함께 4대 SNS로 인정받고 있습니다.

'비주얼 소셜 큐레이션 서비스 Visual Social Curation Service**'**라고
불리기도 하는 핀터레스트는
이미지 중심의 콘텐츠를 게시할
보드를 만든 후 이미지 자료를 수집－핀 Pin 하는 형태입니다.
공통의 관심을 가진 사용자들이 검색을 통해서 혹은 관심 영역 제안을 통해
다른 사람의 보드를 볼 수 있으며, 그 콘텐츠를 리핀 Re-Pin이라는 방법으로
자신의 보드로 가져와서 공유할 수 있습니다.
핀터레스트는 아티스트가 자신의 작품 포트폴리오를 정리하는 방법으로

활용하고 있으며, 패션과 유통업계에서도

온라인 카탈로그 형태로 많이 활용하고 있습니다.

특히 패션 브랜드에서는 제품의 룩북 Look Book 기능으로 활용되고 있습니다.

지속적으로 출시되는 제품을 핀터레스트에 올려서 보여주는 것이죠.

페이스북이나 트위터처럼

다수의 고객이 팔로하지는 않지만,

패션에 관심 있는 사용자들이 소식을 접하기 때문에

유용한 정보를 제공할 수 있는 매력적인 채널입니다.

인스타그램, 이미지로 공감한다

인스타그램은 핀터레스트와 같은 해 서비스를 시작한

이미지 중심의 커뮤니케이션 채널입니다.

이미지 기반의 SNS로서 그림,

사진의 주제를 해시태그(#)와 함께 적힌 포스팅을 통해

공통의 관심사에 관련된 그림이나 사진을

한 번에 보여주는 기능을 제공하고 있습니다.

관심 있는 이미지를 통해 자신의 관심 분야를 공유할 수 있다는 점이 특징입니다.

커뮤니케이션의 형태가 페이스북이나 트위터와 비교할 때

이미지 중심이지만,

깊이 있는 정보를 공유한다는 특징이 있습니다.

공통의 관심사로 친구가 되기도 하고

새로운 정보를 공유하는 형태인 것이죠.

최근 한국 SNS 시장에서 인스타그램을 사용하는 사람이 급격히 늘고 있습니다.

특히 패션 브랜드에서는

블로그, 페이스북, 인스타그램을 3종 SNS 채널로 여길 정도입니다.

핀터레스트 또한 한국어 버전이 나오면서 사용자가 증가하고 있습니다.

아직까지는 브랜드의 활용이 미숙한 실정입니다.

고객과의 커뮤니케이션 전략을 수립할 때

버티컬 SNS 시대의 소비자와 눈높이를 맞춰야 할 것입니다.

타깃으로 삼은 고객군이 비주얼 중심의

커뮤니케이션을 중요하게 여긴다면

나중으로 미루지 말고 지금 바로 준비해서 시작해야 할 것입니다.

고객의 움직임은

마케터들이 바라는 속도로 움직이지 않기 때문입니다.

특히 스마트폰의 앱을 다운받아

사용 경험을 쌓을 때까지 고객은 기다려주지 않습니다.

버티컬 SNS 시대로의 진입에 속도를 높이고 있는 시대에

그 속도를 맞추는 것도 중요한 일입니다.

기존의 페이스북과 블로그에 의존하는 커뮤니케이션 전략에서 벗어나

소비자의 관점으로 친숙히 다가가서 함께 공유할 수 있는

새로운 버티컬 SNS 운영 전략을 잊지 말아야 합니다.

SNS 매니징 방법

브랜드마다 SNS를 담당하는 직원이 있을 것입니다.

마케팅·영업부서에서 신입 직원들이

그나마 젊은 세대와 소통하기 수월하다는 이유로 SNS를 담당하는 경우가 많습니다.

물론 별도의 팀을 꾸려서 운영하는 브랜드도 있을 것이고요.

SNS에 소식을 올리고 나서 반응이 나타날 때까지

막연히 기다릴 수는 없는 노릇이기에, 정보를 올려놓고

일정 시간 간격 혹은 정해진 시간에 확인하는 형태로 운영하게 됩니다.

하지만 SNS 운영은 많은 집중력과 관심 그리고 노력을 요하는 일입니다.

관리자의 입장에서 '하는 김에'라는 생각으로 운영하는 곳이 더러 있습니다.

SNS를 잘하는 직원에게 '잘하니까',

'자주 사용하니까'라는 이유로 '하는 김에' 회사의

SNS까지 맡아 운영하라고 지시하는 경우가 많습니다.

혹은 SNS에 특화된 전담 팀을 별도로

운영하는 회사는 많지 않기에 마케팅 부서 내에서

SNS에 관심이 많고 자주 사용하는 직원에게 업무를 맡기게 됩니다.

그 직원은 자의 반 타의 반으로 SNS 매니저 역할을

하게 되는 것입니다. 자, 그다음부터가 문제입니다.

SNS를 담당한 직원은 퍼스널 유저의 입장에서 자신의 관심사를 접했던 것이지,

기업의 입장에서 SNS 시장을 바라보지 않았습니다.

자신의 패턴대로, 말 그대로 하는 김에

계정을 하나 더 만들어서 콘텐츠를 올리고 전파하기 위해 노력합니다.

외국의 저널 등에 소개된 SNS 매니저라는 직책의 업무 플로를 살펴보면

가히 살인적으로 일을 하는 것을 볼 수 있습니다.

SNS 매니저는 페이스북, 트위터, 구글플러스, 버티컬 SNS인 인스타그램,

핀터레스트 등을 주간, 일간, 시간별로 관리하는 모습을 보게 됩니다.

우리는 그렇게 하지 않고

대부분의 회사가 겸업으로 '하는 김에' 하는 식이기 때문에

아직 SNS를 통해 깊숙이 파고들었다고 할 수 없습니다.

대중화되고 있으나 깊이 면에서는

미흡한 수준입니다. 한동안 SNS 매니징에 대한 칼럼을 유심히 읽어보았는데

그중에서 관심을 끌었던 글이 포스트를 올리는 시간과 주기에 대한 것이었습니다.

각각의 채널별로 일주일에 몇 회가 적당한지,

그리고 몇 시에 올려야 많은 고객들이 접할 수 있는지를 분석한 내용이었습니다.

매니징 시간표

사용자 입장에서 다시 바라보면,

출근길 지하철 안에서 다들 한 손에 스마트폰을 들고

지난밤의 소식을 접하고 있는 모습이 눈에 들어옵니다.

자신이 설정한 타임라인에 올라오는

뉴스들과 지난밤에 지인들이 올린 소식을 훑어보곤 합니다.

출근 시간대, 일반적으로 회사의 출근 시간에 맞추어 글을 올려야 한다면,

SNS 매니저는 그 시간보다

더 일찍 혹은 사전 예약을 통해서 출근 시간대에

많은 사람들이 글을 읽을 수 있도록 해야 할 것입니다.

그리고 점심 시간, 일하다가 나른해지는 오후 티타임에

집중적으로 관리하는 것이 적은 수의 콘텐츠를 게시하더라도

유효한 결과를 얻을 것입니다.

이러한 SNS 채널에 대해 핀터레스트에서 인포그래픽으로

정리한 콘텐츠들을 쉽게 찾아볼 수 있습니다.

물론 각국의 업무 환경과 인터넷 보급률, 스마트폰 사용 환경이

다르기 때문에 동일하게 한국 시장에 적용하는 데는 무리가 있을 것입니다.

하지만 SNS 매니저 또는 SNS 채널을 운영하는 사람이라면

한 번쯤은 이 관점을 통해 운영 로직을 고려해볼 만합니다.

최근 SNS 채널별로 포스트하기 적합한 시간대를 소개한

"what are the best times to post on social media?" Neil Patel, 2015 라는
글을 읽은 적이 있습니다.
그 글에서, 닐 패털은 이상적인 시간대를 찾아 게시했을 때
39퍼센트의 트래픽이 증가했다고 썼습니다.

SNS 매니저는 어느 시간대에 글을 올리는 것이 가장 좋은지,
즉 프라임 타임을 찾아보는 것이 필요합니다.

물론 국가마다 SNS 환경 인프라가 다르기 때문에
국내에 동일하게 적용할 수는 없지만
이렇게 포스트를 읽는 트래픽이 증가하는 시간대에 집중할 필요가 있습니다.

SNS 매니저가 살아 있는 SNS 채널을 만들기 위해서는
끊임없이 콘텐츠를 생성해야 합니다.
이 부분이 어찌 보면 SNS 매니징에서 가장 힘든 일일 것입니다.
어떤 소식이 독자들의 관심을 끌지를 정하기는 쉽지 않기 때문입니다.
브랜드의 소식, 제품·서비스에 대한 의견을 매번 올릴 수도 없습니다.
그것은 소통이 아니라 광고가 되기 때문이죠. 많은 브랜드에서 콘텐츠를
끊임없이 SNS에 게시하는데, 대부분 뉴스거리들입니다.
시장에서 유용한 정보, 생활에서 필요한 정보 등
해당 게시물을 본 사람들에게 유익한 정보를
제공하기 위해서 꾸준히 포스팅을 하게 됩니다.
그러다 보니 심지어 가십거리를 게재하는 경우도 있습니다.

이쯤 되면 SNS 채널을 제대로 관리하는 것이

얼마나 힘든 일인지 알 것입니다.

이해까지는 아니더라도 적어도 쉬운 일은 아니라는 것을 느꼈겠지요.

그런데 여기서 끝이 아닙니다.

페이스북과 트위터, 요즘 새롭게 뜨고 있는 구글플러스까지 고려한다면

일은 더욱 커지게 됩니다.

게다가 요즘 직장인들에게 핫하게 떠오르고 있는 링크드인까지 가세한다면,

간단히 요약해도 4개의 페이지를 어떻게 관리해야 할지가 막막해집니다.

물론 이 4개는 일반적으로 많이 사용하는 SNS이고,

버티컬 SNS로 분류했던 인스타그램, 핀터레스트는 제외한 것입니다.

일반적인 SNS를 관리하는 툴이 국내에는 잘 소개되지 않았지만,

매우 유용한 툴이 개발되어 있습니다.

SNS 매니징의 불편함을 해결해주기 위한 툴이 개발된 것입니다.

이 역시 시장이 된 것입니다. 저 역시 버퍼를 사용하고 있는데요,

4개의 SNS 채널까지는 무료로 사용할 수 있으니, SNS 관리자뿐만 아니라

개인적으로 SNS 채널을 복합적으로 사용하는 사람들에게 추천합니다.

버퍼는 예약 포스팅 기능이 있어서 아침에 일어나서 뉴스를 검색해서 올리는

수고를 할 필요 없이 전날 밤에 미리 해놓을 수 있습니다.

이렇듯 SNS 관리자의 수고를 덜어주는 프로그램도 나오고 있습니다.

그동안 SNS 관리를 쉽고 간단한 일로 생각했다면

담당하시는 분들에게 격려의 박수를 보내주세요.

팔로어 수가 답이 아닙니다. 숫자의 함정

마케팅 담당자들은 고객에게

가장 효과적이고 파급 효과가 큰 것이 SNS 채널이라고 인지하고 있습니다.

네, 맞는 생각입니다.

스마트폰의 보급률과 사용률이 높아지고 있어서

SNS를 떼어놓고 마케팅을 한다는 것은 생각할 수 없는 시대입니다.

그리고 이러한 SNS 채널을 통해서 브랜드의 소식을 알리는 것이 일상화되었습니다.

저 또한 마케팅 부서에서 일할 때 그렇게 했고,

브랜드 매니징 역할을 하면서 마케팅 부서에 요청했던 것도

크게 다르지 않았습니다. 그리고 업무 효율을 위해 아웃소싱,

즉 외부 전문 업체와의 협업을 통해서 결과물을 빠른 시일에

얻기를 원했습니다. 어찌 보면 저 또한 회사 내에서,

조직에서 마케팅 부서를 바라보던 시선에 익숙해져 있었던 것이죠.

고객과의 진솔한 소통보다는 주어진 시간에 빠르게 알리고

그것을 결과로 받아보길 원했던 것입니다.

바이럴 전문 대행사를 만나도

결과적으로 보고해야 할 것들 위주로 이야기했던 모습이 기억납니다.

고객과 어떻게 소통할지를 고민하기보다는,

파워 블로거는 1일 방문자 수 몇 천 명 이상,

패션 쪽 블로거로서 네이버 검색 시 상단 노출,

키워드 같은 것에 집중했습니다.

아마 지금도 많은 분들이 이렇게 진행하고 있을 것입니다.

페이스북이요? 다르지 않았죠.

신규 페이지를 만들어놓고, 최단기간에 '좋아요' 수 수천 개

혹은 1만 개 이상의 달성을 요구했으니까요.

이렇게 하다 보니 겉으로는 화려해 보이지만,

정작 고객과의 소통은 점점 멀어지는 것을 느낄 수 있었습니다.

오히려 SNS 채널이 고객과 소통의 채널이 아닌 높은 담이 되어버린 것입니다.

그만큼 쉽게 생각했습니다.

결과부터 생각하고 커뮤니케이션을 시작했던 것이죠.

아니, 어찌 보면 그것은 **커뮤니케이션이 아닌**
보고를 위한 콘텐츠 만들기가 아니었나 싶기도 합니다.

고객과 소통하고 고객의 이야기를 듣기 위해서는 시간이 필요한데 말입니다.

우리가 새로운 사람을 만날 때 시간이 필요하듯,

SNS를 통해서 고객을 만나고 소통하며

고객의 생각을 듣기 위해서는 시간이 필요한데

기다려주는 여유가 없었던가 봅니다.

이후 저는 마케팅 분야의 컨설팅을 하게 되면

SNS와 관련하여 꼭 강조하는 것이 있습니다.

숫자가 정답은 아니라는 것입니다.

오히려 숫자의 함정에 빠져 정작 중요한

고객과의 소통은 멀어질 수 있기 때문입니다.

마케팅을 담당하고 SNS를 담당하는 사람은

꼭 마음속 깊이 고객과 소통하려는,

고객에게 알려주는 것 이상으로

고객의 소리를 들으려는 마음가짐을 잊지 말아야 합니다.

소셜미디어 채널은 우리 생활에 깊숙이 자리 잡고 있습니다.

고객의 소셜라이프를 제대로 이해해야 진솔한 소통을 할 수 있습니다.

우리는 2000년대 초반에 싸이월드에서 친구들과 일촌을 맺으며

소식을 주고받고, 페이스북을 통해 더 많은 사람들과 교류하게 되었습니다.

수평적인 소셜네트워킹을 통해 국경을 넘어 소통하게 된 것이라면,

최근에는 **버티컬 SNS,**

수직적인 소셜네트워킹에 관심이 높아지고 있습니다.

인스타그램, 핀터레스트 등이 대표적인 SNS 채널로 자리 잡고 있죠.

SNS 채널의 특징과 사용자의 관심사를 파악하여 운영해야 완성도 높은

커뮤니케이션을 이어갈 수 있습니다. SNS에서 일방적인 정보 전달이 아닌,

고객과 이야기하기 위해서는 소셜 매니징이 중요합니다.

소셜 커뮤니케이션의 핵심은 진실된 소통입니다.

팔로어나 좋아요 수를 늘리는 데 급급해서는 안 됩니다.

기업의 소셜 마케팅은 고객의 관심사를 주제로 서로 소통할 수 있어야 합니다.

마케팅을 잘한다는 것은 고객과 잘 소통하고, 누구나 공감할 수 있는

커뮤니케이션을 하는 것입니다.

공감 놀이터

고객에게 전달해줄 스토리도 잘 준비되었고,

고객과 소통해야 할 채널도 정해졌다면 이제 실전에 들어갈 차례입니다.

고객과 직접 대면하며 고객을 만나러 가는 겁니다.

오프라인에서 만나건,

온라인상의 SNS를 통해서 만나건 실행하는 단계만 남았습니다.

커뮤니케이션을 하는 방법에서 **일방통행이 아닌 양방향으로 고객과**

공감하며 주고받는 것이 중요하다는 것을 앞에서 이야기했습니다.

고객에게 정보를 전달하고 그 반응을 듣는 일까지는

쉽게 할 수 있을 것입니다.

간단히 생각해보면, 우리가 준비한 것을 고객에게 보여주고,

고객의 의견을 들으면 되는 것이니까요.

아마 이렇게 하는 것만으로도 진일보한 커뮤니케이션이 될 것입니다.

하지만 그 정도 수준으로는 소통의 연속성에서 부족함이 있습니다.

고객에게 준비한 정보를 전달하는 것, 그 이상이 필요합니다.

즐기며 이야기를 만들고 스스로 알리게 한다

우리가 아무리 광고나 프로모션을 통해서
브랜드나 제품을 접하더라도 사용해본 경험만큼 중요한 것이 없을 것입니다.
직접 사용해보고 느꼈을 때,
그 제품에 만족했을 때 우리는
주변 사람들에게 그 브랜드의 제품을 추천하게 됩니다.
'내가 써보니 이런 점이 좋더라', '이런 부분이 조금 아쉽지만,
이 부분은 최고더라' 하고 말입니다.

체험해본 것만큼 강력한 입소문의 근원은 없을 것입니다.

어떤 제품이나 서비스가 아무리 좋다고 홍보해도 자신이 직접 이용해보기 전에는
100퍼센트 공감하기 어렵습니다. 하지만 스스로 경험한 것은 이미 자신의 것이기에
다른 사람에게 전달할 때에도 그 진정성 때문에 쉽게 공감을 얻게 됩니다.
브랜드나 제품에 대해, 그리고 브랜드가 지향하는 방향성에 공감하고 긍정적인
마인드를 가진 고객에게 이야기가 전달된다면
더 큰 반응을 불러일으킬 수 있습니다.
그리고 그 고객들은 자신이 만나고 경험한 브랜드에 대해
스스로 입소문을 내줄 테고요.
이렇게 고객 스스로 전도사 역할을 하게 하려면 무엇이 필요할까요?

온라인, 오프라인의 특성을 넘어서서 고객과 소통하려면 무엇이 필요할까요?

좀 더 상위의 질문을 해봅니다.

스토리를 통해서 고객에게 심플하게 전달할 메시지를 준비했고,

고객이 주로 사용하는 커뮤니케이션 채널도 파악했다면…… 그다음에 필요한 것은

고객 입장에서 한 번 더 생각해보는 것입니다.

그렇게 해서 고객이 사용하는 커뮤니케이션 채널에서

신선한 정보가 확산되도록 할 수 있을 것입니다.

그리고 그 정보가 값진 것이라면 지인들과 대화하다가 전달할 수도 있을 것입니다.

하지만 그 이상은? "글쎄요"라는 답을 떠올리게 되네요.

앞에서 말한 두 가지, 스토리와 커뮤니케이션 채널만 준비해도

고객과 훨씬 나은 소통을 할 수 있을 것입니다.

고객이 스스로 입소문을 내어줄 장점이 있으면 좋을 텐데 하는 고민을 해봅니다.

고객이 마음 편히 놀다 갈 수 있는, 카페에서 마음 편히 쉬다 가듯이.

브랜드, 제품의 범위 안에서, 혹은 간접적인 체험을 하면서,

혹은 브랜드나 제품이 지향하는 방향 아래서,

고객과 함께 공감하고 느낄 수 있는 장을 마련해준다면

어떨까 하는 생각을 해봅니다. '놀이터' 콘셉트로 말입니다.

실제 오프라인 프로모션이나 온라인에서 알리는 방법도 크게 보면

놀이터 콘셉트로 접근하는 것이라고 볼 수 있습니다.

고객이 경험하고 자발적으로 알릴 수 있는 장을 마련해주는 것입니다.

기존의 마케팅 액션이 전달하는 것에 집중했다면,

이제는 고객끼리 소통하는 장을 마련해주어야 합니다.

브랜드의 역할은 고객들 상호 간에 그리고 지향하는 방향 안에서

즐길 수 있는 가상의 놀이터를 만들어주는 것입니다.

어릴 적 놀이터에서 두꺼비 집을 만들어본 경험이 있나요?

모래를 만지며 놀이터에서 뛰어놀던 기억 말입니다.

이렇게 체험한 것은 오랜 기억으로 남게 됩니다.

고객에게 이런 놀이터를 제공한다면 정말 값진 경험이 될 것입니다.

꼭 오프라인이 아니어도 좋습니다.

SNS로 고객들과 소통을 하더라도

단순한 전달이 아닌,

고객들이 모여서 이야기할 수 있는, 공감의 장도 놀이터가 될 수 있습니다.

온 – 오프 믹스를 통한 체험
알리고 – 오게 하고 – 사게 한다

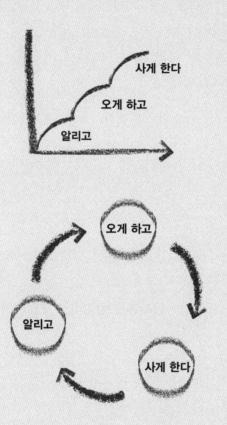

마케팅은 '알리고 – 오게 하고 – 사게 한다'라는 세 단계로 생각할 수 있습니다.
이 세 단계는 유기적으로 결합되어 마케팅 순환 구조를 형성합니다.

온라인과 오프라인을 융합하는 것은 마케터의 큰 고민일 것입니다.

온라인으로 열심히 알렸는데

온라인 고객이 오프라인 매장으로 직접 연결되지 않으면 아무 소용이 없습니다.

물론 온라인, 오프라인 채널의 특성상 타깃 값이 다를 수 있습니다.

하지만 마케팅이 단순 캠페인이 아닌 이상, 고객에게 알리고,

매장을 방문하게 하고, 준비한 제품을 구매하게 하는 것이

마케팅 담당자의 역할이 아닐까요?

브랜드 마케팅의 3단계,

　　　　　　　　　고객에게 소식을 알리고,

　　　　　　　　　　　　　　매장(온라인·오프라인)을 방문하게 하고,

제품을 구입하게 하는 과정을 이제는 단계별이 아닌

유기적 과정으로 이해해야 합니다.

구매 단계에서 만족한 고객은

스스로 입소문을 내서 다른 고객을 불러들이는 연결고리가 되기 때문이죠.

온라인으로 알리고 오프라인에서 만남의 자리를

체험단, 앰버서더Ambassador, 서포터즈Supporters. 브랜드의 마케팅 담당자라면

익숙한 용어일 것입니다. 제품을 출시할 때 많이 등장하는,

브랜드를 알리는 체험단의 다양한 표현입니다.

일반인 또는 대학생들을 모집해서 제품을 체험하게 하고

그 경험을 개인의 블로그 등에 올리게 함으로써

아직 체험하지 못한 고객들을 끌어들이는 것이죠.

초기의 체험단은 큰 반향을 불러일으켰습니다.

체험단을 통해 아직 구매하지 않은 제품들을 자세히 살펴볼 수 있었고,

고객이 궁금하게 여기는 점을 설명해주기 때문이죠.

하지만 이런 체험단의 활동이 다양해지고 보편화되면서

신뢰감이 떨어지기 시작했습니다.

체험단 역시 브랜드에서 운영한 것이기에

제품 리뷰가 긍정적인 평가 일색으로

부정적인 내용은 거의 없고, 제품 이미지 외에는

충분한 정보를 제공해주지 못합니다.

그리고 **체험단 역시 이해관계를 내세워, 금전적인 보상을 기대하거나**

자신의 스펙에 도움이 되기를 바랍니다.

물론 제품의 정보를 전달하는 점에서는 그럴듯해 보이지만,

고객과 소통하고 공감한다는 점에서는 많은 제약이 있어 보입니다.

고객들이 서슴없이 참여하고 그 안에서 즐길 수 있다면,

브랜드에서 준비한 체험단이란

이름이 사라질 것입니다. 그리고 체험한 고객들끼리 모임을 만들어

팬이 되어준다면 더없이 반가운 일일 것입니다.

온-오프 믹스의 도전 크라우드 펀딩

최근 SNS를 통해서 자본을 조달하는

크라우드 펀딩 Crowd Funding의 예를 들어보겠습니다.

크라우드 펀딩은 자본을 조달하는 방식으로 인식되지만 고객과 공감하고

소통하는 방식에 있어서 놀이터를 만들어주는 모습으로 볼 수 있습니다.

고객과 함께 공감하고 즐길 수 있는 놀이터를 만드는 것이죠.

그리고 그 놀이터에서 즐기기 위해 필요한 자금을

고객들이 십시일반으로 모으는 것이죠. 최근 이렇게 자본이 부족한 신규 사업가,

혹은 예술가들이 프로젝트를 온라인상에 공개하여 다수의 투자자들로부터

소액의 투자를 받는 방식이 많아졌습니다.

투자자들 또한 온라인 사이트에서 프로젝트를 접하고

투자 역시 온라인 무대에서 이루어집니다.

하지만 이들이 실행하는 것은 온라인에서의 프로그램 개발도 있지만,

오프라인에서 실물을 제작하고, 공연·전시 등을 진행하게 됩니다.

투자자들을 오프라인 공간으로 초대하여 공감의 장을 만들어주는 것이죠.

작년 페이스북에서 눈에 띄었던 프로젝트가 있습니다.

'리얼캐롤 프로젝트'입니다. 제목부터 궁금증을 자아냈죠.

'캐롤을 좋아하는 사람들이 모여 만들어가는

음반 제작 프로젝트'라는 짧은 설명이 있었습니다.

개인과 기업 모두 참여할 수 있는 프로젝트로

개인은 텀블벅 Tumblebug을 통해서 기부하는 형태였는데,

어떻게 진행될지 궁금했기에 지속적으로 관심을 가졌습니다.

기부한 사람들 그리고 페이스북에서 '좋아요'를 눌렀던 사람들이

함께 진행한 것이 되었죠.

크라우드 펀딩 형태로 진행된 리얼캐롤 프로젝트는

마케팅을 진행하는 사람들에게 많은 메시지를 전달해줍니다.

먼저, 리얼캐롤 프로젝트를 통해서 공감이라는 코드를 보여주었습니다.

함께 캐롤을 만들어보자는 취지에 많은 사람들이 공감했습니다.

추운 겨울, 누구나 떠올리는 캐롤,

그리고 그 캐롤을 함께 만들어보자는 코드는

누구나 공감하기 쉬운 주제였습니다.

브랜드마다 제각기 키워드가 다르고 추구하는 바도 다르지만,

시즌의 이슈에 맞추어 공감의 코드를 제시한 부분이

마케팅적으로 주목할 만합니다. 물론 준비하는 데는 더 많은 시간이 소요되었겠죠.

하지만 고객에게 알리는 시기를 제대로 포착한 부분이 매력적입니다.

연초에 크리스마스 캐롤 프로젝트를 준비한다면?

한여름에 겨울에 있을 캐롤 프로젝트를 알린다면?

시기적으로 고객들이 공감할 수 있는 키워드로 유도한 것이 주목할 부분입니다.

두 번째, **기업과 개인의 참여를 유도했다는 점입니다.**

이를 마케팅적으로 바라보면, 고객의 참여를 유도한 것이죠.

그것도 자발적으로 말이죠.

물론 고객이 받는 기념품은 후원 금액별로 다르긴 하지만,

그보다는 취지와 방향에 공감하여

후원을 결정하고 참여한 것이기 때문에 아무런 문제가 되지 않습니다. 참여의

의미를 제시했을 뿐, 강요하지 않은 것입니다.

Pull-Marketing을 **보여준 사례**인 것이죠.

마케팅에서 고객을 'Push'하지 말고 'Pull'해야 한다고 늘 이야기하지만,

실제 현장에서는 세일즈 프로모션 외에는

고객의 마음을 움직일 동인을 제시하지 못하곤 했는데,

이렇게 고객의 자발적인 참여를 유도한 것은

많은 통찰을 줍니다. 물론 비상업적인 리얼캐롤 프로젝트를

상업적인 부분에 그대로 활용하기는 어렵지만,

관점의 적용은 가능합니다.

다시 말해 '어떻게 하면 고객이 자발적으로 참여할까'라는

질문을 계속 던져볼 수 있습니다.

마지막으로, **고객이 스스로 지인들에게 알렸다는 점입니다.**

자발적으로 참여할 뿐만 아니라

이런 프로젝트가 있다는 것을 지인들에게 소개했습니다.

자신이 후원하고, 그 프로젝트를 다른 사람들에게 알리는 것.

이러한 과정이 어찌 보면 브랜드에서 바라는 이상일 것입니다.

고객이 스스로 브랜드를 홍보해주는 것이니까요.

바이럴의 힘을 실감하게 되는 부분이죠.

브랜드에서는 큰 홍보 비용을 들이지도 않아도 됩니다.

입소문을 탄 콘텐츠는 브랜드가 추구하는

타깃 고객들에게 확산되어 나가기 때문입니다.

공감을 한 고객들이 자신과 취향이 비슷한 지인들에게

추천하는 방식으로 콘텐츠를 확산시키는 것입니다.

절대 다수라기보다는 유효 타깃 고객군에게

임팩트 있게 메시지를 전파하는 형태인 것이죠.

크라우드 펀딩을 통한 프로젝트에서 얻은
마케팅적 통찰을 간단하게 요약해보면,

고객이 공감하고,
자발적으로 참여하고,
스스로 알리게 해야 한다는 것입니다.

그리고 가장 중요한 것은 고객이 참여하고 공감할 수 있는
프로젝트를 기획했다는 것이죠.
다시 말해 고객이 공감하고 참여하고 즐길 수 있는 장,
놀이터를 만들어준 것입니다.
목적은 다르지만,
마케터가 항상 고민하고 이상적으로 생각하던 마케팅 전략을
요약해서 보여준 프로젝트였습니다.

크라우드 소싱 도미노 피자 '피자 모굴'

도미노 피자의 피자 모굴은 심플한 3단계의 콘셉트를 가지고 있습니다.
자신만의 피자를 만든 뒤, 레시피를 소셜미디어 채널을 통해 공유하고,
그 메뉴가 판매되면 수익의 일부를 가지는 시스템입니다.

온라인에서 기획하고 오프라인에서 구매하고 온라인으로 기부한다

크라우드 펀딩에서 고객이 자발적으로 참여하는 것을 살펴보았습니다.

어찌 보면 상업적인 브랜드에서 바로 적용하기에는

무리라고 느낄 수 있을 것입니다.

하지만 그 관점을 잊어서는 안 될 것입니다.

상업적 브랜드에서 고객의 참여를 통해 이슈가 된 사례가 있습니다.

도미노 피자의 피자 모굴입니다.

호주의 도미노 피자가 '피자 모굴 Pizza Mogul'이라는

앱을 론칭했습니다. 고객이 직접 피자를 디자인하여 SNS에 홍보하는 것입니다.

고객이 디자인한 피자가 판매되면

그 판매 금액의 일부를 나누는 형태입니다.

이를 3개의 콘셉트로 표현하면 **Create, Share, Earn**입니다.

Create.
자신의 입맛에 따라 원하는 피자를 만들어봅니다.

Share.
자신이 디자인한 피자 메뉴를 SNS를 통해서 공유합니다.

Earn.
피자가 판매되면

그 수익의 일부를 가지게 됩니다.

피자 모굴은 단순한 프로모션이 아니라,

피자를 좋아하는 사람들에게

자신만의 독특한 피자를 만들어 알릴 수 있는 장을 마련해준 것입니다.

자신이 디자인한 메뉴가 판매되는 경우 금액의 일부를 보상받기 때문에

참가자들은 적극적으로 친구들에게 홍보를 하게 됩니다.

도미노 피자 입장에서는

마케팅 비용을 추가로 투입하지 않고,

고객을 통해 홍보하는 효과를 얻을 수 있습니다.

저도 웹페이지에서 피자를 만들어 참여해보았습니다.

먼저 피자의 유형을 선택하고,

도우Crust, 소스 Sauce, 토핑 Topping을 차례대로

선택하면 피자가 완성됩니다.

1~2분 만에 나만의 피자를 만들 수 있습니다.

크러스트와 소스,

토핑을 드래그해서 화면에 뿌리는 방식이라 만드는 과정도 재미있습니다.

이렇게 나만의 피자가 완성되면

페이스북과 이메일을 통해서 다른 사람들에게 홍보하는 것이죠.

참여하는 방법도 쉽고 내가 만든 피자를 지인들에게 알리는 방법도

간단해서, 다양한 콘셉트로 피자를 만들어볼 수 있는 재미있는 경험이었습니다.

그리고 **판매 수익을 기부**하는 것이 가능합니다.

모굴 웹페이지에서 기부가 가능한 6곳을

보여주는데, 이중 한곳을 선택한 다음 수익의 기부 비율을 정하면 됩니다.

나중에 피자가 팔리면 수익의 지정 비율대로 기부된다고 합니다.

참여자들은 자기가 만든 피자를 팔기도 하고 더불어 기부도 할 수 있습니다.

웹페이지에서는 'Doughnators'(도우와 도네이션의 합성어)라는 이름으로

표시하며, 2015년 3월 31일 기준으로

상위 탑 5의 기부 금액이 8000달러를 넘었다고 합니다.

이처럼 다양한 피자를 만들어보고,

기부까지 할 수 있는 장을 마련해준 것이

피자 모굴의 성공 요인이라 할 수 있습니다.

크라우드 펀딩이 의미 있는 프로젝트를 제시해서 자본을 모으는 것이라면,

크라우드 소싱은 다양한 메뉴 개발에 고객을 참여시키는 것입니다.

크라우드 소싱의 개념을 제품의 개발과 마케팅 영역에 결합한다면

고객으로부터 많은 공감을 끌어낼 수 있을 것입니다.

지식의 놀이터 웨비나

웨비나Webinar가 생소하신 분들이 있을 겁니다. 웹캐스트Webcast는요?

웹캐스트라 하면 많이들 이해하실 텐데요.

인터넷으로 하는 스트리밍 서비스,

쉽게 말해 인터넷 생중계라 생각하시면 됩니다.

웨비나는 이렇게 인터넷으로 하는

웹캐스트와 유사한 형태입니다.

작년까지만 해도 웨비나를 검색하면 몇 개 뜨지 않았는데,

요즘에는 많은 콘텐츠들이 웨비나라는 단어를 사용하는 것을 볼 수 있습니다.

웨비나는 **웹**Web**과 세미나**Seminar**의 합성어로,**

온라인으로 진행하는 세미나 형태를 말합니다.

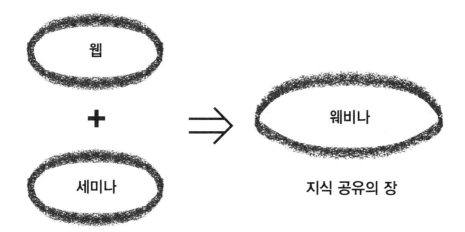

웹에서 진행되는 세미나는 새로운 지식 공유의 채널이 되고 있습니다.
시간과 공간의 제약을 웹이라는 매체를 통해 극복한 것입니다.
시간과 장소에 구애받지 않고 인터넷이 연결되면 어디에서든 들어가서 정보를 공유할 수 있습니다.

외국에서는 주로 전문가들의 지식을 공유하는 형태로 진행되고 있습니다.
스트리밍 서비스로 웨비나에 참가한 사람들은
실시간으로 전문가의 강연을 들을 수 있죠.
대부분 무료로 진행되지만 일부 사이트에서는
질의권을 필요로 하는 패널에게는 참가비를 받기도 합니다.
이마케터 eMarketer, 마케토 Marketo, 시트릭스 Citrix, 실버팝 Silverpop 등이
웨비나를 제공하는 시스템이 잘 구축된 곳들입니다.
이곳 외에도 다양한 웨비나를 제공하는 곳이
늘어나고 있습니다. **지식을 체험하고 트렌드를 전망**할 수 있습니다.
전문가들의 전문지식 공유가 초창기 웨비나의 주요 방향이었다면
최근에는 좀 더 대중화되어서 경험을 공유하는 현상이 늘고 있습니다.
특이 앱 개발과 사용자의 특성에 대한
경험을 공유하는 유형 그리고 SNS 채널 관리에
유용한 툴과 팁에 대한 소개가 주를 이룹니다.
전문가뿐만 아니라 참여한 패널,
스트리밍에 참여한 사람도 웨비나 시스템의 질문 기능을 통해
실시간 참여가 가능합니다.
이렇게 웨비나는 지식의 공유라는 목적을 가진 놀이터라 볼 수 있죠.
그런데 앞에서 언급한 전문적인 웨비나 사이트들은
웨비나 전용 프로그램을 사용하고 있습니다.
브랜드에서 정보를 전달하고 고객의 참여를 유도하기 위한
목적이라면 이런 시스템이 다소 거리가 있게 느껴집니다.
하지만 매우 간단하게 준비할 수 있고,

고객의 참여도 쉽게 구축할 수 있는 방법이 있다면요?

최근 유튜브와 구글을 통해서도 웨비나를 쉽게 진행할 수 있습니다.

애플 전도사로 유명한 가이 가와사키 Guy Kawasaki 는 유튜브의

스트리밍 서비스를 통해서 웨비나를 진행하고 있습니다.

SNS 활용의 노하우와 정보를

제공해주고 있죠. 뉴스나 이미지 등을 동시에 여러 SNS에 올릴 수 있는

'버퍼Buffer' 프로그램도 가이 가와사키의 홍보로 많이 전파되었습니다.

정보를 나누는 웨비나,
이를 고객과 소통하는 참여의 장으로 활용할 수 있을 것입니다.

이미 우리에게는 고객과 접촉할 수 있는 SNS 플랫폼이 잘 갖춰져 있으니까요.

고객의 다양한 목소리를 수렴할 수 있고, 또 고객을 모이게 할 수도 있습니다.

고객은 갈수록 다양한 SNS 채널에 노출되고 있습니다.

당연히 고객과 소통하는 방법도 다양해져야겠지요.

고객과 함께 즐길 수 있는 '놀이터'를 만들어주는 것이
앞으로 마케터가 지향해야 할 방향입니다.

SNS의 발달은 많은 것을 새롭게 탄생시켰습니다.

네트워크의 구축뿐만 아니라 아이디어의 공유, 새로운 사업의 구축 등

다양한 영역에서 힘을 발휘하고 있습니다.

크라우드 펀딩은 소셜네트워크가 있기에 가능한 프로그램입니다.

온라인공간에 아이디어를 제시하면,

아이디어와 취지에 공감하는 사람들이 적은 금액이지만

그 아이디어를 실현할 수 있게 투자하는 것이죠.

아이디어를 가진 사람은 끊임없이 시도해볼 수 있고,

새로운 것이 등장하길 바라는 사람은

참여하여 새롭게 도전할 수 있는 만남의 장이 되는 것입니다.

가상의 공간에서 투자자와 사업 제안자가 만나는 아이디어 경연장이 되는 것이죠.

참여한 사람들은 스스로 전도사가 되어

자신의 SNS 계정을 통해 이를 알리게 됩니다.

참여자 스스로 입소문 콘텐츠를 만들어 확산시키는 것이죠.

사람들이 만날 수 있는 공간,

자신의 아이디어를 제안하는 공간인 놀이터를 만들어주는 것이 중요합니다.

일방적으로 전달하는 것이 아닌 참여자들이

공감할 수 있는 장을 마련해주어야 합니다.

지금까지 FVS 마케팅 중 마지막 단계인 스토리를 살펴보았습니다.

프레임 단계에서 고객의 입장에서 바라보는 관점을 배웠습니다.

다음으로 고객과 동일한 1인칭 시점으로 고객의 핵심 니즈를 채워주는 가치를

만들어내는 것을 알아보았습니다. 그리고 FVS 마케팅의 마지막 요소인 스토리,

즉 고객에게 가치를 전달하는 방법을 이야기하였습니다.

전달하고자 하는 메시지를 이야기 Story **형태로 만들어**

고객이 쉽게 받아들일 수 있게 구성하는 것이죠.

전달하고자 하는 핵심 메시지를 중심으로 고객에게 어필하는 것입니다.

그리고 고객들이 소통하는 방법으로 스토리를 전달해야 합니다.

다시 말해 고객의 언어로 고객이 주로 사용하는 SNS 채널을 통해서

전달하는 것입니다.

고객의 눈높이에 맞춘 커뮤니케이션 방법으로 이해할 수 있죠.

SNS 채널별 특징에 대한

바른 이해와 입소문은 고객이 공감할 때 가능한 것입니다.

고객과 공감하기 위해서는

고객이 즐길 수 있는 콘텐츠를 제공하는 것이 중요합니다.

즉 **고객 스스로 주체가 되어 참여하는 장**(場)**을 마련**해주어야 합니다.

과거 기업들이 고객에게 일방향적으로 메시지를 전달했다면,

지금은 쌍방향적인 소통이 이루어져야 합니다.

즉 고객도 기업 및 주변에 메시지를 전달하여 상호 소통해야 합니다.

그러기 위해서는 고객이 주체가 되는, 고객이 참여하여 즐길 수 있는

콘텐츠를 마련해줄 필요가 있습니다.

고객이 스스로 참여하여 만족할 때

그들은 자신이 경험한 내용을 SNS,

또는 입소문을 통해 알리게 됩니다.

이때 기업에서 제공해주어야 하는 부분은 고객이 참여할 수 있는 공간,

즉 공감 놀이터입니다.

4
Insights

마케팅을 세 가지 구성 요소로 나누어 살펴보았습니다.

Frame, 마케터는 스스로 고객이 되어야 합니다.

3인칭이 아닌 **1인칭 시점,**

고객과 같은 시점으로 시장을 바라보면

고객의 니즈가 보인다는 것을 설명했습니다.

Value, 왜 고객이 그 제품·서비스를 이용해야 하는지

이유가 뚜렷해야 합니다.

비슷하니까? 요즘 트렌드니까? 아닙니다.

기업은 고객이 그 제품을 선택하지

않으면 안 되는 이유를 제시할 수 있어야 합니다.

Story, 고객의 언어로, 고객이 이해할 수 있는 커뮤니케이션이 필요합니다.

고객이 공감할 수 있고, 부담 없이 놀다 갈 수 있는

그런 **공감의 장**을 만들어주어야 합니다.

Marketing
=
Frame
+
Value
+
Story

프레임, 가치, 스토리를
마케팅에 필요한 주요 이슈들에 빗대어 생각해보았습니다.

Frame

"눈높이를 맞추어 공감한다"

FVS에서 어느 하나 중요하지 않은 것이 없습니다.

하지만 마케팅의 첫 번째 단계는 고객의 입장이 되어보는 것입니다.

마케터는 고객의 눈을 지녀야 한다고 말합니다.

고객의 입장이 되어서 생활하고 바라볼 줄 아는 그런 안목을 가져야 합니다.

'1인칭 마케팅'이 필요한 단계입니다.

고객과 동일한 1인칭 시점에서 바라보면 더 중요한 것이 무엇인지 보이고,

안 보이던 것이 뚜렷하게 보이는 현상을 경험하게 됩니다.

이렇게 고객과 눈높이를 맞추어야 하는 이유는 고객과 공감하기 위함입니다.

고객이 바라보는 것, 느끼는 것을 브랜드에서도 함께 공감할 수 있기 때문이죠.

경제 수준의 향상과 첨단 산업의 발전으로 인해

그동안 없던 것이 새로 생기기도 하고, 있던 것이 사라지기도 합니다.

그리고 일반적으로 접하기 힘들었던 분야가

시장에 한걸음 다가서기도 합니다.

'대중화'라는 관점으로 시장의 문턱이 낮아지고 있죠.

문화, 예술, 공연의 대중화는 참 반가운 일입니다.

그리고 마케터에게는 더없이 소중한 자원이 되기도 합니다.

다양한 영역에서 컬래버레이션을 할 수 있는 계기가 되고,

새로운 콘텐츠를 개발할 수 있기 때문이죠.

최근 미술의 대중화로 다가서는 것이 있습니다.

우리는 미술관에 가서 그림을 감상할 기회가 그리 많지 않습니다.

아니 그런 일에 익숙하지 않다고 할까요.

하지만 미술관이라는 공간을 나의 생활공간으로 가져오는 건 어떨까요?

이렇게 문턱을 낮추기 위한 회사가 있습니다.

'오픈 갤러리'라는 회사입니다.

유명 작가들의 그림을 빌려주는 사업 모델을 운영하고 있습니다.

미술관이나 갤러리에 가지 않아도

사무실이나 가정 등에 작품을 가져와서 볼 수 있게 한 것이죠.

물론 작품의 구매도 가능합니다.

미술관이라는 정해진 공간을 벗어나서 작품 대여라는 도구를 사용하여

편리한 장소에서 작품을 감상할 수 있게 대중화한 것입니다.

다음으로는 아트프린트를 활용한 회사들이 있습니다.

아트프린트는 오리지널 작품의 이미지를 캔버스 천에 출력하여

개인이 구매할 수 있도록 한 사업 모델입니다.

오리지널 작품을 구입할 수도 있지만,

저렴하게 그림의 이미지를 아트프린트로 구매할 수도 있습니다.

대여의 개념이 아닌 소유의 개념으로,

오픈 갤러리와는 다른 관점에서 대중화를 시도하고 있습니다.

아트프린트는 전용 프린터로 캔버스 천에

인쇄를 하는 것이기에 원작 이미지가 있으면 쉽게 제작할 수 있고,

일반인도 다양한 작가들의 작품을 구매할 수 있다는 것이 장점입니다.

프린트 인쇄물이기에 원작의 느낌에는 못 미치지만,

그래도 저렴한 가격으로 다양한 작품을

구매할 수 있다는 점에서 오픈 갤러리와는 다른 관점의 대중화라 볼 수 있습니다.

마지막으로 다른 관점의 대중화를 시도하는 회사가 있습니다

'미코앤디'는 좀 더 넓은 관점에서 미술 작품에 접근하고 있습니다.

미코앤디는 미술을 좋아하는 사람,

미술에 소질 있는 사람들의 작품을 발굴하여 보여주고 있습니다.

아트프린트 형태로 저렴하게 구매할 수 있는 점은

기존의 아트프린트 회사들과 동일하나, 그림을 그리는 작가의 풀이 다릅니다.

앞의 두 회사가 미술을 전공한 전문가의 작품을 대중화하는

시도라고 본다면, 미코앤디의 접근은 그림을 좋아하고 소질 있는 작가들의

작품을 통해 사람들의 공감을 얻게 하는 것입니다.

앞의 두 회사가 전문가의 작품을 탑—다운 top-down 형태로

대중화하는 관점이었다면, 미코앤디는 바탐—업 bottom-up의 관점으로

대중화하겠다는 시도입니다.

미술의 대중화를 추구하는 데도 이처럼 다양한 관점이 가능합니다.

물론 주요 타깃 고객군은 각각 다를 것입니다.

예술 작품의 대중화라는 주제를 가지고도

어떤 관점을 가지느냐에 따라 다양한 사업 모델이 나올 수 있습니다.

프레임은 **"고객의 입장에서 바라본다"라는 것을 기억**해야 합니다.

고객의 입장이 되는 것이 핵심입니다.

즉 고객과 같은 곳을 보는 것이죠.

앞에서 미술의 대중화에 나온 3개의 비즈니스 모델은

각기 고객이 다르기에 사업 모델도 다르지만,

모두 타깃 고객의 관점에서 접근을 시도한 것이죠.

테이블에 마주 앉은 커플을 상상해보세요.

매우 다정하고 보기 좋은 모습일 것입니다.

하지만 이 마주앉은 커플의 시선은 서로 반대 방향을 바라보고 있습니다.

물론 말하지 않아도 무엇을 보는지,

무슨 생각을 하는지 느낄 수 있다면 문제가 안 되겠지요.

브랜드에서 고객과 공감을 하기 위해서는

**고객과 같은 눈높이,
같은 곳을 바라보는 자세**를
가져야 한다는 것을 잊지 말아야 합니다.

Value

"왜 꼭 나여야 하는지 이유를 찾는다"

가치는 고객이 그 제품·서비스를

선택해야 하는 이유를 말해주는 단계입니다.

선택의 가치를 제공해주는 것이죠.

가치는 고객이 그 제품·서비스를 선택해야 하는 이유를 제시하는 것입니다.

고객은 단순히 가격 이상의 가치를 누릴 수 있어야

제품·서비스에 만족하고, 더 나아가 감동하게 됩니다.

최근 미술관에서 전시 작품을 기획하고 설명해주는 큐레이터 Curator 에서 파생한

신조어인 큐레이션 Curation 이란 단어를 자주 접하게 됩니다.

인터넷의 발달로 많은 양의 정보가 하루에도 수없이 많이 생성되기에

이를 다 살펴볼 수 없을 지경에 이르렀습니다.

소비자들이 원하는 정보를 선별하여 요약해주는

소셜 큐레이션 Social Curation 서비스는 우리에게 이제 익숙해져 있습니다.

버티컬 SNS로도 분류되는 핀터레스트가

소셜 큐레이션 서비스의 대표적인 예입니다.

관심사별로 그룹화하여 콘텐츠들을 Pin(수집)할 수 있고,

이를 접한 독자는 자신의 보드(게시판)에

Re-Pin(공유)하여 관심 있는 정보를 모아서 볼 수 있게 한 것이죠.

이외에도 플립보드 Flipboard, 텀블러 Tumblr 등도
다양한 SNS 채널 중에서 자신이 원하는 것만
모아서 볼 수 있게 해주는 소셜 큐레이션 서비스입니다.

큐레이션이라는 용어가 익숙해질 즈음
다양한 영역에서의 큐레이션이 시작되고 있습니다.
나에게 적합한 쇼핑을 할 수 있게 도와주는 쇼핑 큐레이션,
나에게 맞는 책을 선택할 수 있게 도와주는 북 큐레이션,
나에게 맞는 패션을 제안해주는 패션 큐레이션,
더 나아가 삶의 스타일까지 종합적으로 제안해주는 스타일 큐레이션, 그리고
소비자의 심리를 고려하여 필요한 아트워크(미술, 예술)를 제안해주는 아트워크
큐레이션 서비스까지 다양한 큐레이션 서비스들이 등장하고 있습니다. 이러한
서비스들은 소비자가 아직 경험하지 못한,
혹은 쉽게 결정하지 못하는 선택의 순간에 결정을 내릴 수 있도록 도와줍니다.
큐레이션을 제공하는 전문가들의 역량과 소비자의 기호가 맞아떨어져야
더 큰 가치를 발휘하겠지만, 다양한 영역에서 끊임없이 생성되는
정보의 홍수 시대에, 큐레이션 서비스는
시간과 노력을 절약할 수 있게 도와주는 역할을 합니다.

이렇듯 **다양한 큐레이션 시장은**
고객에게 가치를 제공할 때 지속될 수 있습니다.
다양한 영역에서 새로운 큐레이션이 등장할 수 있기 때문입니다.
소비자의 결정을 도와주고 필요한 정보를 제공하고

제안한다는 뜻으로 거의 모든 영역에서 사용할 수 있기 때문입니다.

큐레이션을 통해 고객이 누릴 가치가 뚜렷해야만

새로운 큐레이션 서비스를 이용하는 소비자도,

제공하는 기업도 결과에 만족하고 더 성장할 수 있을 것입니다.

단순히 트렌드나, 호칭처럼 사용되는 '큐레이션' 서비스에 그치지 않고, 고객에게

양질의 서비스를 제공하기 위해서는,

해당 큐레이션 서비스를 선택할 수밖에 없는 이유를 먼저 생각해야 합니다.

큐레이션 서비스는 1차적으로는 의사결정을 하는 데 도움을 줄 수 있을 것입니다.

고객에게 적합한 것을 선택할 수 있도록 말입니다.

마케터는 한 단계 더 고민을 해야 합니다.

여기에 안주하지 말고 더 큰 상위 가치를 생각해보아야 합니다.

고객의 시간과 노력을 줄여주게 되면

추가적으로 어떤 가치를 얻을 수 있는지를 말입니다.

고객의 삶의 질이 향상될 것입니다.

절약된 시간과 노력을 더 값진 곳에 사용할 수 있을 테니까요.

1차원적으로는 고개가 끄덕여지는 제품·서비스를 접하게 되더라도

항상 고민해야 하는 부분이 있습니다.

고객에게 어떤 도움을 주는지,

그것이 어떤 가치를 제공하는지를 항상 염두에 두어야 합니다.

"고객의 놀이터, 공감의 장을 마련한다"

FVS의 마지막 단계는 고객과 소통하는 것입니다.

고객의 삶의 반경 안에서 고객과 소통하는 것이 필요합니다.

SNS는 현재 가장 강력한 소통 채널의 하나이며,

빠른 확산이 가능한 매력적인 알리기 도구입니다. 그렇기에 더욱 신중해야 합니다.

이렇게 알리기 플랫폼은 구축되어 있는데,

정작 고객이 체험하고 공감할 수 있는 소재는

부족합니다. 많은 마케팅 프로모션이 세일즈 프로모션에 집중되다 보니,

고객은 더 강력한 자극을 원합니다.

하지만 지속적이고 좀 더 의미 있는 참여를 갈망하고 있습니다.

큰 규모는 아니어도 소수의 공감할 수 있는 고객들에게

시간과 공간을 함께 할 수 있는 장을 마련해주는 것이

FVS의 스토리에서 중요한 부분입니다.

고객에게 스토리를 전해주고,
또 고객이 자신만의 스토리를 만들어 전달하는 것이죠.

크라우드 펀딩의 대표적인 사례로 킥스타터^{Kickstarter}를 들 수 있습니다.

참신한 아이디어가 다수의 개인 후원을 받아

실제 세상에서 빛을 보기도 합니다.

여기서는 투자자라는 표현 대신 후원이라는 표현을 씁니다.

수익 지분의 공유보다는

참신한 아이디어와 의미 있는 일에 참여하는 것에 의의를 둡니다.

개인이 혹은 작은 규모의 사업체에서

진행하기에 부담이 되는 비용을 아이디어 제안을

통해 다수로부터 후원을 받는 것입니다.

이렇게 의미 있는 일, 그리고 새로운 주제에 대해

공감하는 사람들이 늘어나고 있습니다.

물론 크라우드 펀딩을 할 수 있는 온라인 플랫폼을 통해서 이루어지고 있지만,

이러한 움직임에서 공감과 의미를 찾아볼 수 있습니다.

아이디어 제안자가 따로 있지만, 프로젝트를 실행하려면

다수 사람들의 후원이 있어야 가능하기에,

그렇게 하나로 모일 수 있는 이유, '공감'에 주목해야 합니다.

이해하기 쉽게 스토리를 만들어
고객에게 전달하는 것은 공감을 이끌어내기 위함입니다.

고객이 공감하고, 행동하기를 바라는 것이죠.

크라우드 펀딩은 시스템 구조와 진행 방식 등의 다양한 관점에서 벗어나

후원자들이 프로젝트 아이디어에 공감하고

자발적으로 참여한다는 점에서 마케터들이 주목할 만합니다.

크라우드 소싱이라는 개념도 다시 이슈가 되고 있습니다.

이 역시 생산 구조와 수익 배분 등

경영적인 지식에서 벗어나 개념적으로 바라보면

제품의 기획 단계에서 다수의 참여가 가능한 구조입니다.

방식은 조금 차이가 나지만,

공모전에 당선되어 실제 상품으로 제작되는 것과 같다고 이해하면 될 것입니다.

쿼키Quirky는 크라우드 소싱의 대표적인 회사입니다.

다양한 아이디어 제품을 만드는 곳이죠.

쿼키 역시 아이디어 제품을 제안할 수 있는 플랫폼을 가지고 있고,

회원 투표에 의해 제품을 선별하고 자체 심사를 통해

아이디어를 상업화하는 구조를 갖고 있습니다.

소비자의 입장에서 그리고 개발자의 입장에서

다양한 관점과 아이디어를 제안할 수 있는 공간을 마련한 것입니다.

<u>크라우드 소싱과 크라우드 펀딩.</u>
<u>모두 방식은 다르지만 대중의 참여가 가능합니다.</u>

그리고 그 진행 과정을 다수의 사람들이 함께 지켜보게 됩니다.

브랜드에서 신제품을 출시하고 알리는 형태의 프로세스가 아닌,

시장에서 뜻을 함께하는 사람들끼리 공감하는 것이죠.

마케팅의 스토리도 이렇게 제품을 내세우기보다는 고객과 공감할 수 있는,

그리고 고객이 참여할 수 있는 방법을 개발해야 할 것입니다.
앞으로 마케팅 영역에서 새로운 시장이 개척될 것이라 믿습니다.

'크라우드 + 알파'

고객과 함께 공감하고 소통하는 것을
크라우드 + 알파로 생각해보았습니다.

물론 브랜드에서 그동안 진행하던 방식을 포기하라는 것이 아닙니다.
고객이 주체가 되어 참여하는 장을 만드는 것을 의미합니다.
크라우드 펀딩, 크라우드 소싱의 구체적인 참여와 법적인 가이드라인을
자세히 살피는 것도 물론 중요하지만, 개념적으로 고객들이 모여서
공감할 수 있는 장을 만들어주는 것이 마케터의 과제가 될 것입니다.
고객이 참여하고 공감할 수 있는 장을 마련해준다면,
고객 스스로 전도사가 되어 잘 구비된 SNS 채널을 통해 멀리 퍼뜨려줄 것입니다.

마케팅을 업으로 삼은 후 마케팅을 공부하고 마케팅만 생각해왔습니다.

어떻게 하면 더 잘할 수 있을지,

어떻게 하면 고객과 더 잘 소통할 수 있을지,

어떻게 하면 고객에게 감동을 줄 수 있을지를 고민해왔습니다.

이 시대에 '마케팅'이라는 단어와 연관된 분들은

저와 같은 고민을 하고 있을 것입니다.

마케팅을 잘하기 위해서는 마케팅의 중요한 요소들을 구분하고

그 안의 메커니즘을 살피는 과정이 필요합니다.

그 기준으로 나눈 것이 **FVS**입니다.

첫째, 고객의 입장에서 세상을 바라보기,

둘째, 고객에게 가치를 제공하기,

셋째, 고객이 참여할 수 있는 장을 마련해주기입니다.

FVS에는 공통분모가 있습니다.

바로 **고객이 중심**이 되는 것입니다.

고객의 니즈를 채워주기 위해, 고객을 만족시키기 위해,

고객에게 감동을 넘어 감격을 선사하기 위해서는

모든 단계에서 고객을 간과해서는 안 됩니다.

물론 원론적인 이야기일 수도 있습니다.

항상 마케팅을 하면서 고객을 생각하라고,

고객 입장에서 바라보라는 말을 수없이 들어왔으니까요.

네, 알고는 있습니다. 이해는 하고 있습니다.

틀린 말이 아니니까요.

하지만 실제 업무를 하다 보면

외부의 고객이 아닌, 내부의 고객에게 집중하게 됩니다.

기획안을 올리고, 보고서를 제출하느라 시간에 쫓기고,

정량적으로 표현되지 않는 것은

과감히 버려야 하는 일을 경험하게 되죠.

경쟁이 치열한 시대에

마케팅은 판매 촉진을 위한 것이라고 생각하기 쉽습니다.

원론적으로 그리고 그 깊은 의미를 새겨볼 시간조차 없을 정도로

빠르게 변화하고 경쟁하는 시대입니다.

그리고 **마케터들은 무언가 중요한 것을 놓치고 있다는 것을 알면서도,**

주어진 시스템 안에서 움직이게 됩니다.

사은품 제작사, 홍보 대행사를 얼마나 많이 알고 있고

진행할 수 있느냐가

마케터의 능력이 되어버린 것 같아 안타깝습니다.

정작 고민해야 할 대상인 고객은 저 멀리 흐릿하게 보입니다.

고객에게 더 가까이 다가가야 함에도 그러지 못합니다.

지금 당장 할 수 있는 프로모션, 홍보안이 더 뚜렷이 보이기 때문입니다.

어느덧 고객을 깊이 알기 위한 시간을 쏟기보다는

'고객은 이럴 거야',

'고객은 이걸 좋아할 거야'라는 생각에 매몰되어버립니다.

그리하여 트렌드와 경쟁사의 움직임을 봐가며

고객에게 제공할 것을 준비하죠.

정작 그것이 얼마만큼의 가치를 가지는지,

얼마나 감동을 줄지에 대해서는

덜 고민하게 됩니다.

큰 조직이라면 각기 다른 업무를 담당하는 팀이 구성되어 있을 것이고,

소수의 인원 혹은 혼자서 마케팅을 담당하는 분,

그리고 1인 사업자로서

영업과 마케팅을 모두 책임져야 하는 분들도 있을 것입니다.

이 책은 마케팅을 하는 데 꼭 갖추어야 할 관점,

잊지 말아야 할 부분을

3개의 요소,

프레임Frame, **가치**Value, **스토리**Story**로 구분하여 설명했습니다.**

FVS 공식을 기억한다면 고객의 니즈를 발견하고,

가치 있는 제품·서비스를 만들어,

고객에게 감동적으로 전달할 수 있게 될 것입니다.

FVS는 새로운 관점이 아닙니다.

마케팅을 하면서 중요하고 가장 중점적으로 고민해야 할 내용을

구분해놓은 것에 지나지 않습니다.

마케팅 전략의 수립 단계이며,

많은 경영학 학자들과 많은 이론들이 즐비한 시대에

어떠한 방법론을 선택할지에 대해서도

고민을 하게 됩니다. 어떠한 방법을 선택하건

FVS 관점에서 바라보고 다시 한 번 생각해본다면

더욱 가치 있는 마케팅 전략을 세울 수 있을 것입니다.

최근 린스타트업 Lean Startup 운동이

벤처와 창업의 무대에서 많이 언급되고 있습니다.

이는 낭비를 줄이는 린 사고방식 Lean Thinking을 근간으로 하고 있습니다.

낭비를 줄이려면 어떻게 해야 할까요?

앞선 기술력, 견고한 시스템, 많은 테스트를 생각하게 되는데요.

제가 바라본 린스타트업은 실패하기 위해 도전하는 것이었습니다.

실패하기 위해 도전한다? 네, 맞습니다.

실패를 해야 실패를 통해 배우고

더 효과적이고 공감할 수 있는 방향으로 갈 수 있게 되니까요.

철저하게 준비해서 이 정도면 되겠지 하고

고객에게 내놓아도 꼭 기대한 만큼의 반응이 돌아오는 것은 아닙니다.

기대 이상의 결과를 얻기도 하고,

기대 이하의 따가운 질책이 돌아오기도 합니다.

잘 준비해서 고객에게 다가서야 하지만,

준비하는 데만 신경 쓰느라

고객과 멀어지는 일은 없어야 할 것입니다.

고객에게 보여주고 고객의 의견을 듣고 수정하기를

지속적으로 하다 보면

고객의 눈높이에 맞출 수 있고 같은 곳을 바라볼 수 있을 것입니다.

같은 곳을 바라보면 고객의 숨어 있던 니즈를 발견하게 됩니다.

이때 고객에게 다가가는 과정과, 고객과 소통하는 것을 정형화하고

너무 많이 준비해서 한 번에 고객을 사로잡으려 하면 안 됩니다.

접촉의 빈도, 소통의 빈도, 공감의 영역을 확장하는 것이 필요합니다.

마케팅에는 단 하나의 정답만 있는 것이 아니니까요.

주어진 여건에 맞게 고객과 소통하는

최선의 방법을 찾아내는 것이 마케터의 역할입니다.

그리고 고객에게 한걸음 더 다가가서 묻고

공감할 수 있는 장을 마련해주어야 합니다.

FVS 마케팅

ⓒ 심준규 2015

초판 인쇄 2015년 11월 16일
초판 발행 2015년 11월 23일

지은이 심준규
펴낸이 황상욱

기획 황상욱 이영은 **편집** 황상욱 윤해승
디자인 엄자영 **마케팅** 방미연 이지현 함유지 **교정** 오효순
홍보 김희숙 김상만 한수진 이천희
제작 강신은 김동욱 임현식 **제작처** 인쇄 미광원색사 제본 경원문화사

펴낸곳 (주)휴먼큐브
출판등록 2015년 7월 24일 제406-2015-000096호

주소 413-120 경기도 파주시 회동길 210 1층
문의전화 031-955-1902(편집) 031-955-2655(마케팅) 031-955-8855(팩스)
전자우편 forviya@munhak.com
ISBN 979-11-955931-4-9 03320

■ (주)휴먼큐브는 (주)문학동네 출판그룹의 계열사입니다. 이 책의 판권은 지은이와 휴먼큐브에 있습니다.
■ 이 책 내용의 전부 또는 일부를 재사용하려면 반드시 양측의 서면동의를 받아야 합니다.

이 도서의 국립중앙도서관 출판예정도서목록(CIP)은 서지정보유통지원시스템 홈페이지(http://seoji.nl.go.kr)와
국가자료공동목록시스템(http://www.nl.go.kr/kolisnet)에서 이용하실 수 있습니다. (CIP제어번호 : CIP2015025323)

페이스북 fb.com/humancube44 트위터 @humancube44